1日 1行의 기적

무일푼 백수를 억대 연봉 CEO로 만든 실행의 힘

1日 1行의 기적

유근용 지음

비즈니스북스

1日 1行의 기적

1판 1쇄 발행   2019년 3월 20일
1판 15쇄 발행   2024년 2월 29일

지은이 | 유근용
발행인 | 홍영태
편집인 | 김미란
발행처 | (주)비즈니스북스
등 록 | 제2000-000225호(2000년 2월 28일)
주 소 | 03991 서울시 마포구 월드컵북로6길 3 이노베이스빌딩 7층
전 화 | (02)338-9449
팩 스 | (02)338-6543
대표메일 | bb@businessbooks.co.kr
홈페이지 | http://www.businessbooks.co.kr
블로그 | http://blog.naver.com/biz_books
페이스북 | thebizbooks
ISBN 979-11-6254-067-1   03190

비즈니스북스는 독자 여러분의 소중한 아이디어와 원고 투고를 기다리고 있습니다.
원고가 있으신 분은 ms1@businessbooks.co.kr로 간단한 개요와 취지, 연락처 등을 보내 주세요.

머리 좋은 사람도
실행하는 사람을 못 이긴다

인생을 살아가다 보면 길을 잘못 들어섰다고 느끼는 순간이 있다. 세 살 때 겪은 부모님의 이혼, 아버지의 재혼 이후 나를 괴롭힌 새어머니의 학대, 중고등학생 시절의 잦은 가출, 그리고 패싸움과 폭주. 학창시절, 툭하면 경찰서와 법원을 드나드는 나는 문제아였다. 지방 전문대에 입학한 대학생이 되어서도 답이 없기는 마찬가지였다.

스물아홉 살의 어느 날, 문득 그런 생각이 들었다. '뭐라도 계획대로 해보고 죽자.' 그날 이후 내가 할 수 있는 아주 작은 것부터 시작해보기로 했다. 하루에 책 5쪽 읽기, 하루에 한자 하나 외우기, 하루 씀씀이와 그날의 작은 시도 기록하기. 세상이 부여한 성공의 기준이 아니라 내게 맞는 행복의 기준을 고민하기 시작했다. 예전처럼 불평불만만 하며 살고 싶지 않았고, 달라지고 싶었다.

한편 두렵기도 했다. 당시의 내게 인생이란 칠레 이스터섬의 거석 모아이나 이집트 피라미드의 돌과 같았기 때문이다. 내가 가진 미약한 힘으로 움직일 수 있을 만한 것이 아니었다. 설령 한 달이나 반년 동안 힘을 기른다고 하더라도 그 돌을 들어올리기에는 역부족이었다.

비로소 스스로에게 질문을 했다. 이 거석을 옮기려면 어떻게 해야 할까? 운반할 수 있을 만한 크기로 잘게 부수어야 하지 않을까? 어쩌면 매일 조금씩 힘을 내는 것이 정답일지도 모른다.

나는 고민과 시행착오 끝에 감당하기 어려운 인생일수록 '하루'에 집중해야 한다고 생각했다. 무거운 돌을 단번에 들어 올리려하다가는 크게 다칠 수 있다. 인생 또한 마찬가지다. 모든 걸 한꺼번에 해치우고 바꾸겠다는 한탕주의식 사고는 도리어 좌절감만 줄 뿐이다. 그래서 하루아침에 인생을 바꾸겠다는 욕심을 내려놓고, 내가 제어할 수 있는 시간의 단위인 '하루'에 집중하기로 마음을 먹었다.

하루 책 5쪽씩 읽던 것이 어느 틈엔가 3일에 한 권, 하루에 한 권으로 늘었다. 하루 한 글자씩 외우던 한자 역시 실력이 늘어 한글로 된 신문의 사설을 한자로 옮겨 쓸 수 있을 만큼 능숙해졌다. 매일 조금씩 횟수를 더하던 팔굽혀펴기는 100회까지 늘어났고, 지출 내역을 기록하던 습관은 재테크에 눈을 뜨게 해줬다. 작은 것부터 소소하게 시작해 점차 발전해가는 즐거움을 배웠다. 이것이 내가 이야기하고자 하는 1일 1행의 핵심이다.

이런 작은 실행을 매일 SNS에 올리면서 지인들과 공유하던 어느 날, 그들은 나에게 '초인'이라는 별명을 붙여주었다. 그 말을 듣는 순간 강렬한 느낌이 왔다. 곧장 가입된 사이트들의 닉네임을 전부 '초인 용쌤'으로 바꾸었다. 내가 정말 '초인'이라서 닉네임을 그렇게 바꾼 게 아니라, 내가 지향하는 모습을 정확히 표현한 말이었기 때문이다.

스포츠, 경제, 예술, 과학 등 '재능'을 강조하지 않는 분야는 없다. 하지만 재능만 지나치게 강조하다 보면 다른 것들을 간과하게 된다. 그중 하나가 바로 '실행'이다. 아무리 똑똑하고 머리가 좋다 할지라도, 머리만 믿고 아무것도 안 하는 사람은 발전할 수 없다. '부뚜막의 소금도 집어넣어야 짜다'라는 속담도 있지 않은가.

실행이 따르지 않는다면 탁월한 재능도, 빛나는 두뇌도 그저 잠재력에 그칠 뿐 성과로 이어지지 않는다. 우리가 원하는 것을 성취하기 위해서는 무엇보다 동사형 인간으로 거듭날 필요가 있다.

공자의 제자 중 스승의 높은 경지에 도달한 사람은 용감한 자로도, 재주 많은 염구도 아니었다. 오히려 늙고 둔한 증자였다. 증자는 머리가 뛰어나지 못한 대신 스승의 말씀을 행동으로 옮기려고 매일매일 노력했고 덕분에 남다른 경지에 이르게 됐다.

똑똑하거나 재능이 뛰어난 사람이 성공하는 게 아니다. 작은 물방울이 바위를 뚫듯, 기회는 꾸준히 실행하는 사람에게 온다.

소프트뱅크 손정의 회장을 그 예로 들 수 있다. 그는 대학 시절, 학비 지원을 받지 않고 경제적으로 자립하기 위해 '하루에 한 가지씩 발명한다'는 목표를 세우고 발명 노트를 만들었다. 그리고 노트에 매일같이 적은 아이디어 중 일부를 특허로 출원했다. 그중 '음성 전자 번역기' 아이디어는 샤프에 1억 엔에 팔리며 실용화되는 엄청난 성과를 거두기도 했다. 이 돈은 1981년 소프트뱅크를 설립하는 종잣돈이 된다. 그렇다. 순간순간 떠오르는 아이디어를 적은 메모 하나하나가 모여 거대한 역사를 이룬 셈이다.

나는 학벌도, 스펙도, 집안도 별 볼 일 없는 사람이다. 그뿐인가.

스무 살 넘도록 책 한 쪽도 읽지 않던 문제아였다. 하지만 지금은 세 권의 책을 쓴 베스트셀러 작가, 억대 연봉의 CEO, 전국으로 강의를 다니는 자기계발 강사가 되어 전혀 다른 삶을 살고 있다. 상상 속에서나 가능했던 모습으로.

새로운 나로 다시 태어나고 싶다는 절박함이 열망을 부추겼고, 실행이 씨앗이 되었다. 막연한 생각과 바람으로만 남겨두지 않고 행동한 결과 지금의 나를 만들 수 있었다. 인생이라는 거대한 돌에 묶여 속절없이 산비탈을 굴러가던 내가, 이제는 앞장서서 인생이라는 큰 바위를 이끄는 사람이 되었다. 삶에 끌려 다니지 않고 스스로 주도하는 삶을 살고 있는 것이다.

수년간 지속한 실행력은 습관처럼 몸에 밴다. 이 모든 변화는 나에게 주어진 하루를 제어하기로 다짐하고, 그 하루에 집중한 결과다. 독자 여러분도 이 책을 통해 1일 1행의 기적을 경험하기 바란다.

목차

저자의 글 머리 좋은 사람도 실행하는 사람을 못 이긴다 · 5

제1장

열등감이 나를 살렸다

'가만히' 있으면 '가마니'로 산다 · 17

나를 바꾸는 것이 세상에서 가장 어렵다 · 24

결국 실행만이 답이다 · 32

실행력의 밑천은 열등감과 의지 · 37

1일 1행은 이렇게 시작되었다

제2장

머리가 아닌 몸으로 익혀라 · 49

돈 안 드는 특급 과외 · 56

절박한 이유가 생기면 누구도 못 말린다 · 61

뭐라도 해야만 뭐라도 걸린다 · 68

발품을 아끼지 마라 · 74

관찰하고 기록하라, 저절로 달라진다 · 80

1일 1행 생활로 인생이 달라진다

제3장

첫 번째 할 일이 명확해진다 · 89

작은 성취의 기쁨을 알게 된다 · 97

긍정적인 뇌를 얻게 된다 · 105

기회의 문이 열린다 · 112

제4장

누구나 할 수 있는 1일 1행 습관

1일 1행 독서 습관 만들기 · 119

무엇을 배울 것인가 · 120 | 무엇을 따라 할 것인가 · 122
실행에 도움이 되는 독서법 · 125 | 아웃풋을 내려면 · 130

1일 1행 공부 습관 만들기 · 134

공부 목적이 무엇인가 · 135 | 하루 공부량을 정하기 · 137
공부 전략을 세우기 · 139 | 배운 건 써먹어야 빛난다 · 146

1일 1행 운동 습관 만들기 · 150

운동을 하는 이유 · 150 | 확고한 의지는 필수 · 152
재미가 빠지면 안 된다 · 156 | 꾸준함이 만드는 기적 · 160
세 가지 방법을 지킨다 · 163

1일 1행 재테크 습관 만들기 · 168

한 달에 얼마나 쓰는가 · 169 | 돈이 되는 독서법 · 172
블로그 이웃을 적극 활용한다 · 175 | 현장 감각을 쌓아라 · 176
369 법칙 · 180

제5장

당신을 '실행력 갑'으로 만드는 법칙

인생은 실행의 연속이다 · 187

바늘 가는 데 실 간다 · 192

자존심이 밥 먹여 준다? · 196

목표에서 눈을 떼지 마라 · 207

'무엇이' 대신 '어떻게'를 고민하라 · 211

나만의 주문을 만든다 · 216

글을 마치며 실행은 당신을 절대 배신하지 않는다 · 221

제1장

열등감이
나를 살렸다

나는 약하다. 그래서 더 강해질 수 있다.
나는 부족하다. 그래서 더 채울 수 있다.
나는 경험이 많지 않다. 그래서 더 많은 경험을 쌓을 수 있다.

'가만히' 있으면
'가마니'로 산다

고등학교 2학년.

우리는 소음기를 제거한 오토바이를 몰고 서울 시내 어느 거리를 질주하고 있었다. 얼마 안 돼 경찰차가 따라붙었다. 뭐, 경찰을 따돌리는 건 우리에게 일도 아니었다. 묘기 주행을 잘하던 친구 한 명이 사이렌 소리를 비웃듯 엔진 굉음을 내며 엄청난 속도로 차량 사이를 비집고 들어갔다. 그리고 다음 순간, 옆 차선에서 갑작스레 방향을 바꾸는 차와 부딪치고 말았다.

멀리서 녀석을 보고 있던 나는, 시간이 느리게 흘러간다는 게 어떤 건지 똑똑히 알게 되었다. 끼어드는 차량에 옆구리를 받힌 오토바이는 슬로모션처럼 허공으로 붕 날았다. 충돌과 동시에 오토바이에서 떨어져 나간 파편이 사방으로 퍼졌다. 오토바이는 세 바퀴쯤 구른 뒤 중앙 분리대에 처박혔고, 친구는 관절이 부러진 마네킹처럼 데구루루 굴러 널부러졌다. 누군가 비명을 질렀다. 모든 게 꿈만 같았다.

엑셀을 느슨하게 쥐고 있던 나는 침을 꼴깍 삼키고, 손아귀에 다시 힘을 주었다. 엔진이 '부앙' 소리를 냈다. 경찰차의 사이렌 소리는 멀어졌다.

친구는 다행히 죽지 않았다. 아마도 녀석이 치료를 마치면 경찰 조사가 시작될 것이다.

그게 우리의 놀이 방식이었다. 친구 사이에서 '꿀리지 않으려면' 죽음의 경계를 오가며 자신의 '깡'을 표현해야 했다. 그래야 무시 당하지 않는 세계였다. 목숨은 늘 반쯤 내놓은 채였다. 위험을 무릅쓰고 오토바이를 몰 때 아이들은 나를 따랐다. 누가 오토바이 사고를 당했다는 얘기를 들어도 의연한 모습을 보였다.

우리는 그 결과가 안겨주는 상처의 크기는 애써 무시한 채 질주했다. 누군가 한 명은 크게 다치거나 죽을 수도 있다는 걸 모르지 않았지만 내게는 일어나지 않을 일이라 생각했다. 그러다가 처음으로 사고 현장을 눈앞에서 목격한 것이다.

왜 내가 아니라 그 친구였을까? 다친 사람이 나라고 해도 전혀 이상할 게 없을 만큼, 우리는 경쟁적으로 오토바이를 몰지 않았던가?

나중에 러시안룰렛에 대한 이야기를 들으며, 우리들이 했던 일이 그와 같다는 생각을 했다.

총알 여섯 발이 들어가는 38구경 리볼버에 하나의 총알을 넣는다. 회전식 탄창을 팽이 돌리듯 빠르게 돌린다. 총알이 몇 번째 구멍에 숨어 있는지 아무도 모른다. 이제 두 명이 마주 앉는다. 그리고 한 명씩 번갈아가며 총부리를 자기 머리에 대고 방아쇠를 당긴다. 틱, 헛방이다. 다음 사람이 당긴다. 틱, 또 헛방이다. 순서는 다시 돌아간다… 누가 죽을지는 아무도 모른다. 그러나 이렇게 하다 보면 반드시 한 명은 죽는다. 그게 러시안룰렛이다.

인생의 단면을 협소하게 들여다보면 모든 것이 우연 같지만, 시야를 넓혀 삶이라는 커다란 세계를 보면 그 모든 것들은 필연이다. 오토바이 질주를 하다 당한 사고는 그저 우연한 일 같지만, 아주 큰 그림 속에서 살펴보면 필연인 죽음을 향해 전력 질주를 하고 있던 셈이다.

누군가는 반드시 다치거나 불구가 되거나 죽을 수밖에 없는 게임. 어느 순서에서 총알이 발사될지 알 수 없지만 반드시 누군가는 총을 맞게 되는 게임 말이다. 이미 공부에 흥미를 잃고 세상과 어른들에 대해 적대감을 품고 있던 우리 인생은 마치 러시안룰렛을 돌리는 도박과도 같았다.

나는 그 세계에 너무 깊이 몸을 담그고 있었다. 문득 나를 돌아보니, 발이 푹푹 빠지는 뻘밭 한가운데에 서 있는 기분이었다. 친구의 사고를 지켜보면서 서서히 밀물이 들어오는 모습을 보았다. 내가 서 있는 곳까지 바닷물이 밀려오는 건 시간문제였다. 물살에 휩쓸리기 전에 빨리 탈출해야 했다.

원망하지 않는 삶

내가 왜 진흙투성이 뻘밭에 빠져 살았는지, 이쯤에서 변명 아닌 변명이 필요할 것 같다.

어린 시절 내 인생은 한 마리 개와도 같았다. 꼬리를 살랑살랑 흔들며 다가간 사람에게 옆구리를 걷어차인 개. 그 개는 어떤 식으로 사람과 가까워져야 할까?

3년 넘게 새어머니의 학대를 받으며 살았던 나는 세상을 제대로 바라볼 수 없었다. 따뜻한 손길과 사랑을 기대하며 새어머니에게 다가갔지만, 사랑은커녕 돌아오는 것은 느닷없는 발길질이었다. 당시 아버지와 사이가 좋지 않았던 새어머니는 아버지에 대한 분노를 우리 형제에게 풀고 있었다. 그것도 폭력이라는 방식을 통해.

　이유도 모른 채 학대와 두려움 속에서 불행한 어린 시절을 보내야 했다. 사랑받지 못했으니 사랑하는 법을 몰랐다. 호의를 베풀면 호의가 돌아온다는 상식조차 익히지 못한 채 으르렁거리는 법부터 배웠다. 그 누구도 내 안전 펜스를 넘지 못하도록 경계의 눈빛을 쏘아대며 살았다.

　고등학교에 들어가니 나와 비슷한 아이들이 있었다. 우리는 서로 그 눈빛의 의미를 알아챘고, 몇 차례의 탐색전을 거치며 서열을 정한 뒤 무리를 지어 다녔다. 어깨에 힘을 주면 아이들이 따른다는 사실을 몸으로 터득했다. 희망을 품거나 미래를 꿈꾼다는 것은 남의 이야기였다.

　그러다 스물한 살이 되던 해, 새로운 질서가 지배하는 군대라는 세계로 강제 이주를 당했다. 이 강제적 조정 과정은 내가 뻘밭에서 빠져나올 수 있는 결정적이고도 유일한 계기가 되었다. 이런 변화 없이 이전의 삶을 그대로 살았다면, 나 역시 오토바이 사고라는 필연을 피할 수 없었을지 모른다. 그러나 운 좋게도 내게 변화의 기회가 찾아왔고, 이전과는 다른 삶을 살 수 있을지도 모른다는 생각을 품게 되었다. 군대에서 닮고 싶은 사람을 만났기 때문이다.

입대 동기였던 그는 나와는 다른 길을 걸어온 명문대 재학생이었다. 군대 생활에 익숙해질수록 나는 그에게 열등감을 느끼고 있음을 깨달았다. 그는 나와 동갑인데도 한층 성숙했다. 책을 많이 읽었던 그는 풍부한 간접 경험 덕분에 사고의 폭이 넓고 대화의 소재도 풍부했다. 나이만 같을 뿐 모든 면에서 비교도 안 될 만큼 뛰어난 그를 보고 있자니 나 자신이 무능하고 부족한 것 투성인 사람처럼 느껴졌다. 하루는 큰맘 먹고 그 친구에게 다가가 다짜고짜 물었다.

"야, 공부는 어떻게 하는 거냐?"

"응? 공부?"

전교 1등을 밥 먹듯이 했던, 모범생하고만 어울렸을 이 친구에게는 어쩌면 황당한 질문이었을 것이다.

"공부를 제대로 해본 적이 없거든."

"아…."

"그러니까, 나도 괜찮은 사람이 되고 싶어서."

괜찮은 사람이 되고 싶다…. 진짜 묻고 싶었던 건 '너처럼 되려면 어떻게 해야 하나?'였으나 차마 입 밖에 꺼내지는 못했다.

"아, 자기계발을 하고 싶은가 보네."

그때 처음으로 '자기계발'이라는 단어를 들었다. 들으면 벼락처럼 뇌리에 꽂히는 말이 있다. 그때도 그랬다.

"그래, 그거. 자기계발. 그건 어떻게 하는 거냐?"

"책을 읽어봐."

그의 눈빛에는 진심이 담겨 있었다.

이등병 주제에 책을 읽는다는 건 정말 어려운 일이다. 하지만 그대로 포기할 수는 없었다. '가만히 있으니까 가마니로 보인다'는 말처럼, 무기력하게 현실에 순응하고 싶지 않았다. 변화도 발전도 없는 무기력함에 지배당하며 가마니로 보이는 삶을 산다면, 스스로 한심해서 견딜 수 없을 것 같았다. 그의 말대로 책 속에서 답을 찾기로 했다.

그날 이후로 내 머릿속에는 '책'이라는 단어가 뿌리를 내렸다. 그 단어는 나를 뻘밭에서 구원해줄 동아줄처럼 느껴졌다.

그런데 책을 어떻게 읽지?

나를 바꾸는 것이
세상에서 가장 어렵다

2002년 3월 19일 군에 입대한 나는 그해 5월, 내 인생에서 중대한 사건 하나를 맞이했다. 바로 《가시고기》라는 책의 완독이었다. 내 인생 첫 책이었는데, 마지막 페이지를 넘기며 묘한 황홀감에 사로잡혔다. 책장을 빨리 넘기고 싶은 마음, 그리고 동시에 이 순간을 지속하고 싶다는 모순적인 감정에 푹 빠진 것이다. 저자에게는 미안한 말이지만, 그건 아름다운 글에 대한 감동이라기보다는 '완독'이라는 경험에 대한 경이로운 기쁨이었다. 내가 책을 끝까지 다 읽다니!

인생은 참으로 불가사의하다. 어제까지만 해도 오토바이의 거친 엔진 진동을 즐기던 내가 두꺼운 손가락으로 책장을 넘기고 있었다.

그 어떤 잔소리나 충고에도 눈 하나 꿈쩍하지 않던 나는, 아이러니하게도 자유가 박탈당한 군대에서 변신을 준비할 수 있었다. 군대에서 보낸 2년은 재탄생을 위한 잉태의 시간이었다.

물론 환경은 좋지 않았다. 훈련은 많았고, 훈련이 없는 날은 늘 잔업의 연속이었다. 이등병 막내였기 때문에 없는 일도 만들어서 해야 하는 시기였다. 열악한 상황이었지만 그 입대 동기의 조언대로 허리춤에 책 한 권을 숨기고 화장실로 향했다. 주어진 시간은 5분에서 10분 정도에 불과했다. 화장실에 틀어박혀 책장을 펼쳤다.

처음에는 한 문장 읽기도 버거웠다. 저자가 풀어놓은 상상의 세계에 빠져들기까지는 시간이 필요했다. 몰입하기 위해 억지로 눈을 감아보기도 하고, 낯선 단어를 이해하기 위해 되풀이해 읽어보기도 했다. 이해되지 않는 문장, 머리로는 알겠는데 마음으로 받아들여지지 않는 문장을 앞에 두고 시선은 자꾸만 다음 쪽으로 넘어갔다가 다시 원래 자리로 돌아오고는 했다. 야속하게도 시선이 방황하는 만큼 시간은 흘러갔다. 오늘은 몇 쪽을 읽었나?

책장을 넘겨보지만 고작 한두 쪽에 불과했다. '게으른 선비 책장 넘기기'라는 말처럼, 나 역시 남은 쪽을 확인하느라 뒤로 갔다가 앞으로 돌아오기를 얼마나 많이 했던가. 더딘 속도는 나를 조급하게 만들었다.

다음 날 다시 책을 펼쳐 들었는데, 이야기는 어딘가에서 툭 끊겨 있다. 어제 읽은 이야기를 제대로 이해하지 못했으니 오늘 읽는 이야기가 자연스럽게 연결될 리 없다. 이야기는 이미 토막 난 낙지가 되어 있었고, 뜻 모를 단어들이 꿈틀거렸다. 그래도 하루에 무조건 10쪽은 읽자는 마음으로 어떻게든 자투리 시간을 만들었다.

그렇게 해서 《가시고기》 280쪽을 다 읽는 데 걸린 시간은 꼬박 28일이었다. 마지막 장을 덮을 때는 기쁨에 겨워 입꼬리가 귀에 걸렸는데, 그날 밤 자리에 누워 가만히 생각해 보니 책 내용은 하나도 떠오르지 않았다. 게다가 내 인생에서 무엇이 바뀌었는지도 알 수 없었다.

5만 톤급 중형선박의 항해사를 만난 적이 있는데, 그가 이런 말을 했다.

"좌현 35도에서 우현 30도까지, 그러니까 왼쪽 대각선을 향해

가던 배를 오른쪽 대각선 쪽으로 방향을 바꾸려면 조타기를 엄청 많이 돌려야 해. 자전거나 오토바이, 자동차는 핸들을 틀면 즉각적으로 방향이 바뀌잖아? 근데 배는 달라. 법적으로 모든 배는 최대 속도에서 28초 이내에 좌현에서 우현 혹은 그 반대 방향으로 완전히 틀 수 있어야 한다고 규정하고 있어. 그만큼 방향을 바꾸는 게 힘들다는 말이지. 만일 28초를 넘기면 그 배는 방향을 돌릴 수가 없어."

"28초요? 되게 오래 걸리네요."

"그래. 그래서 말이지, 나는 열심히 조타기를 돌리고 있는데 배는 한두 박자 늦게 조금씩 기지개를 켜는 거야. 조타기를 엄청 많이 돌린 것 같은데 배는 겨우 움직이는 둥 마는 둥 하는 거지. 그래도 계속 돌리는 거야. 28초 안에는 배가 원하는 방향으로 머리를 틀 거라는 믿음으로 계속 돌리는 거야. 쉬지 않고."

과연 내 인생의 28초는 언제쯤, 어떤 형태로 찾아오는 걸까? 언제까지 인생의 조타기를 돌려야 하는 걸까? 얼마나 더 책을 읽어야 변화를 경험할 수 있을까? 막막한 상황에서 책을 읽으며 '내가 지금 잘 읽고 있는 걸까?'라는 의심이 머릿속을 가득 채우면 차라리 '이 시간에 다른 일을 하는 게 낫지 않을까?' 하는 잡념도 함께 떠올랐다. 어린 시절의 트라우마 때문에 기다림에 유난히 취약했던 나는 조바심이 나서 견딜 수 없었다.

영원한 내 편은 나뿐이다

건축업을 하셨던 아버지는 언제 오겠다는 약속도 없이 집을 나서곤 하셨다. 예닐곱 살이었던 나는 아버지를 뒤따라 나가며 언제쯤 오시는지 새어머니 몰래 물었다. 아버지가 돌아오는 날짜를 알아야 새어머니의 매질을 견딜 수 있을 것 같았다. 하지만 아버지는 내 속도 모르고 그저 "빨리 오마." 하며 휭하니 떠나 버렸다.

한 달이 걸릴 때도 있었고, 두 달이 걸릴 때도 있었다. 어린 나에게 한 달과 두 달은 너무 큰 차이였다. 처음에는 한 달 안에 꼭 오셨으면 하고 손꼽아 기다렸지만 번번이 기대가 무너졌다. 나중에는 아버지가 떠나시는 날로부터 넉넉히 두 달쯤을 생각하고 기다리는 데 익숙해졌다. 두 달을 생각하고 기다리면 그나마 견딜 만했다.

새어머니의 손찌검이 유독 심했던 그해 여름, 아버지는 두 달이 지나도록 돌아오지 않았다. 나는 저녁 어스름이 지는 골목 담

벽락에 기대서서 아버지가 나타나기를 빌었다. 가망 없는 기다림은 나를 절망에 빠뜨렸다. 혹시 어디서 사고라도 나신 건 아닌지 생각하다가, 나를 기다리고 있는 매질을 떠올리면 덜컥 마음이 내려앉았다.

어린 시절, 기다림은 늘 실망으로 돌아왔다. 기대가 어긋나고 소망이 좌절하는 것이 일상이 되었다. 그러다 보니 기다림은 내게 두려움의 시간을 의미했다.

길모퉁이에서 검은 그림자가 나타날 때마다 아버지가 아닐까 하고 목을 빼고 지켜보던 그 마음 졸임은 책을 읽으면서도 어김없이 나타났다. 책을 한 권씩 읽어나갈수록 도대체 언제쯤 독서의 성과가 나타날까 하는 조바심에 안달이 났다. 책을 많이 읽으면 인생이 달라질 거란 기대감에, 계획 없이 닥치는 대로 읽었다.

할 일을 제쳐두고 책장만 넘기고 있자니 마음이 복잡했다. '내가 지금 책을 읽고 있는 게 잘하는 짓일까?' 마음속에 의구심이 피어올랐다. 그뿐인가. '차라리 이 시간에 다른 일을 하는 게 낫지 않을까?' 하는 악마의 속삭임도 함께 찾아왔다. 책에 코를 박고 있으니 로또를 구입하거나 주식을 시작하는 게 빠를지도 모르겠다는 생각이 요동쳤다.

막막함과 조급함이 뒤섞인 상태에서 권수를 채우기 위해 얇은 책만 찾아서 읽고 덮기를 반복했다. 그렇게 한 달 반쯤을 보내던 나는 지쳐 나가떨어졌다.

당장 변화가 드러나고, 성과가 눈앞에 보이기를 바라는 조급함 때문에 일을 그르치는 일이 잦았다. 우선은 기다리는 법부터 배울 필요가 있었다. 그러나 기다림 끝에 변화가 찾아오는 경험을 한 번도 해보지 못했기에, 어떻게 조급함을 버려야 할지 몰라 답답했다.

일단 1년이라는 시간을 독서에 투자하기로 했다. 꾸준히 하면 바뀐다는 믿음을 갖고 진득하게 밀어붙이는 게 급선무였다. 1년에 365권의 책을 읽겠다는 목표를 세웠다. 매일 책 한 권을 읽기 위해 시간을 분 단위로 쪼개 쓰기 시작했다. 시간이 지날수록 점차 책 읽는 속도가 빨라졌다. 그렇게 1년 뒤, 목표했던 365권을 넘어 520권을 읽었다. 목표를 초과 달성했다는 강렬한 희열을 맛보기까지, 나에 대한 믿음이 성공이라는 큰 선물을 안겨줬다.

이 한 번의 성공 경험은 내게 어떤 의미가 있을까?

운동 트레이너는 선수에게 실전 대비를 위한 연습 경기에서 약간 낮은 실력의 선수를 상대로 고른다고 한다. 연습 경기에서 패배하면 이후 치러질 실전에 대한 자신감을 잃을 염려 때문이다.

하지만 연습 경기에서 한 번 이겨본 선수는 실전에서도 자신감을 얻게 된다. 한 번의 성공은 자신감을 불어넣고 또 다른 성공을 낳는다. 내게도 이 한 번의 성공이 또 다른 성공을 낳는 나비효과가 되지 않을까 하는 기대감에 두근거렸다.

결국
실행만이 답이다

책 한 권을 읽고 나면 공교롭게도 내용이 거의 기억나지 않았다. 이내 고민에 빠졌다. 기억나는 부분은 20퍼센트 남짓이었다. 아마도 책을 본격적으로 읽기 시작한 지 얼마 되지 않아 방법이 잘못된 듯했다. 빽빽한 글자만 눈에 담다 보니, 무작정 권수 채우는 것에만 집착하는 바보가 된 것 같았다.

책을 펼치고 들여다보자, 한 페이지 안에 어마어마한 글자가 눈에 들어왔다. 그 수많은 문장 중 어떤 것을, 어떻게 내 것으로 만들어야 할까?

한때 부지런해지고 싶다는 생각으로 가득했을 때《내가 쓰는 아침형 인간의 노트》라는 책을 읽었다. 거기에 이런 이야기가 나온다. "아침에 잘못한 일을 저녁에 고치지 않고, 오늘의 잘못을 내일 고치지 않으면, 현명한 사람이 될 수 없다." 아침을 지배하는 사람이 인생을 지배한다는 강력한 메시지가 머리를 때렸다. 아침형 인간이 되면, 기운과 여유가 좀 더 생기고 목표를 성취해낼 수 있을 것만 같았다.

이 책에 따르면 아침형 인간으로 체질을 바꾸기 위해서 100일이라는 시간이 필요했다. 더불어 공부나 자기계발은 아침 시간을 활용하는 것이 좋다고 추천했다. 저녁엔 가벼운 유산소운동을 하고, 늦어도 11시 이전에는 자는 것을 목표로 하라는 방법까지 알려줬다. '아, 이렇게나 좋은 방법이 있다니!' 항목별로 구체적인 방법들을 알려줬다. 이대로만 하면 야행성 생활에서 벗어나 아침형 인간이 될 수 있겠다는 생각에 두근거렸다.

이렇게 어떤 책을 읽고 마음이 뜨거워졌다면, 반성에만 그쳐선 안 된다. 책을 읽으면서 자신을 되돌아보았다면, 나태해진 나를 바로잡기 위해 반드시 행동으로 옮겨야 한다. 나는 체질 개선을 위한 키워드로 '실행'을 꼽는다.

많이 읽고 많이 안다고 사회에서 인정받는 것도 아니고 더 발전하는 것도 아니다. 달라지고 싶다면 머릿속에 머무는 고민들을 '실행'으로 하나씩 해결하는 것만이 답이다. 나는 그 후 책에서 읽은 인상적인 문장들을 핸드폰에 저장해두고 바탕화면으로 설정했다. 눈에서 멀어지면 마음도 멀어진다고, 마음을 다잡으려면 마음을 불태운 문장들을 가까이해야 했다.

프랑스 시인 폴 발레리는 이렇게 말했다.

"생각한 대로 살지 않으면 사는 대로 생각하게 된다."

이 말을 나는 이렇게 바꾸고 싶다.

"생각한 대로 실행하지 않으면 사는 대로 생각하게 된다."

계획만 세우고 생각만 해서는 인생은 결코 달라지지 않는다. 책을 520권이나 읽었음에도 내 삶이 바뀌지 않았던 이유도 그것이었다. 아무리 많이 읽어도 읽은 내용을 실행하지 않으면 그 독서는 내 삶에 아무 영향도 끼치지 않는다.

아침 여섯 시에 일어나는 게 좋다는 건 누구나 안다. 하지만 정작 새벽에 일어나는 사람은 많지 않다. "아, 오늘은 너무 피곤해.", "어제 잠을 너무 늦게 잤어.", "수면 부족이야.", "아침엔 집중이 잘 안 돼."라고 핑계 대기만 하는 사람들이 대부분이다.

이런 사람들은 계획형 인간이 되기 쉽다. 계획형 인간은 계획만 세우고, 무엇을 할지 생각만 한다. 혹시 당신도 "내일부터 영어 공부해야지.", "올해부터는 꼭 헬스장 가서 운동해야지.", "한 달 안에 3킬로그램 빼야지.", "다음 주부터 술을 끊어야지."라고 말만 하지 않는가? 왜 매년 신년 계획을 세우면서도 연말이 되면 하나도 달라지지 않는 걸까?

영국의 심리학자인 리처드 와이즈먼 교수는 2007년 영국인 3,000명을 대상으로 새해 결심 이행률을 실험했다. 그 결과, 12퍼센트만이 자신의 새해 결심을 지킨 것으로 나타났다고 한다. 이렇듯 누구나 계획은 세우지만, 그 결심을 지속해서 행동에 옮기는 것은 너무도 쉽게 미룬다.

하지만 진짜 자신이 원하던 변화를 경험하려면, 동사형 인간이 되어야 한다. 동사형 인간은 목표한 일을 반드시 행동으로 옮기는 사람이다. 동사형 인간이 되려면, 자신이 할 수 있는 목표들을 점진적으로 실행함으로써 목표를 성취했을 때 찾아오는 만족감을 배워야 한다. 계획에 따른 실행 방안을 구체적으로 세우고, 당장 지금 할 수 있는 것들을 미루지 않고 한다.

주변 분위기에 휩쓸려서, 책을 읽고 반성하는 마음이 들어서, 혹은 다른 사람들의 몇 마디에 자극받아서 매번 계획만 세우고 만다면 스스로에게 물어야 한다. "지금 당장 할 수 있는 건 무엇일까?"라고 말이다.

"왜 공부해도 성적이 그대로지?", "아무리 해도 안 되는 것은 안 돼.", "기적 같은 건 없어."라고 생각한다면 지금 당장 움직이자. 도전하기에 늦은 때는 결코 없다. '패배자는 경주에서 가장 늦게 들어오는 주자가 아니라 앉아서 구경만 하고 뛰어보려는 시도조차 하지 않는 사람이다'라는 말도 있지 않은가. 기적은 자신이 처한 상황에 굴하지 않고 끊임없이 노력하고 실행한 사람에게 찾아온다. 자신의 인생을 바꿀 사람은 자신뿐임을 기억하자.

실행력의 밑천은
열등감과 의지

되풀이되는 패배 경험은 사람을 무기력하게 만든다고 한다. 하지만 정말 그럴까? 만일 이 말이 옳다고 가정한다면, 우리는 일상에서 자주 목격되는 예외적 상황과 마주해야 한다.

시력이 나쁜 사람들을 예로 들어 보자. 가성근시를 겪는 사람들은 성장이 멈추기 전까지 지속적인 시력 저하를 경험한다. 안경을 벗으면 세상이 뿌옇게 보여서 글자는 물론 사람 얼굴도 분간하지 못한다. 위험을 감수해야 하는 안과 수술 외에 시력이 좋아질 방법은 없다. 시력에 대한 그의 감정은 지속적인 패배 경험이다. 그러나 그의 패배 경험이 세상 모든 일에 대한 무기력으로 이어지는 것은 아니다. 도리어 청각이나 촉각처럼 다른 감각이 평균 이상으로 발달하는 특이한 현상으로 이어지는 경우가 많다.

심리학자 알프레드 아들러는 이를 열등감에 대한 보상 작용으로 '우월 추구'striving for superiority를 하기 때문이라고 설명했다.

아들러는 현재보다 나은, 완전한 상태가 되기 위한 필수 요소로 열등감을 제시했다. 그는 구루병과 후두 경련, 발작, 폐렴 등의 병을 늘 앓고 자란 탓에, 행동이 느리고 매사에 서툴렀다. 늘 아팠으니 성적도 좋을 리 없었다. 열등감으로 작용하는 자신의 병약함을 극복하기 위해, 어린 시절 그가 택한 것은 꾸준한 운동이었다. 체력과 힘을 길러 다른 친구들이 함부로 하지 못하게 했다고 한다.

중학생 때는 수학을 어찌나 못했던지, 학교를 자퇴하고 구두 수선공이 되는 게 어떻겠느냐고 선생님이 권유할 정도였다. 그 일이 있고 나서 그는 수학 공부에 매진해 졸업할 때는 반에서 최우수 학생이 되어 있었다. 운동으로 병약함을 극복한 것처럼.

아들러는 자신이 가진 약점에 굴복하는 대신 오히려 자신을 자극하고 한계를 극복하는 계기로 삼았다. 그리고 이런 경험을 토대로 정신분석 연구에 몰두했다. 프로이트가 작은 체구의 아들러를 가리켜 "내가 난쟁이를 위대하게 만들었다."고 혹평하자, "거인 어깨 위의 난쟁이는 그 거인보다 훨씬 멀리 볼 수 있다."며 응수한 일은 매우 유명한 일화다. 이들의 신경전이 상징하듯, 아들러는 약점과 열등감을 자기 발전의 동력으로 삼으며 성장한 대표적 인물이다.

아들러가 열등감을 극복하고 우월성을 성취했듯, 우월해지고 싶은 마음이 없다면 애초에 열등감도 없었을 것이다. 자기 발전의 동력이자 동기인 열등감 덕분에 우리 모두 자신의 부족한 부분을 채우기 위해 일생 동안 투쟁할 수 있다.

내게도 우월함을 추구하기 위한 투쟁의 경험이 있었다. 새어머니와 보낸 악몽 같은 4년여가 흐른 뒤 서울에 사는 친어머니 집에서 살게 되었다. 너무 못 먹고 자라서인지 초등학교 시절 내 키는 50여 명의 반 학생 중 열 손가락 안에 들 정도로 작았다.

중학교에 들어간 후에도 작은 키와 깡마른 체격은 여전했다. 같은 반에 덩치만 믿고 친구들을 괴롭히는 애가 있었는데, 하루는 그 친구와 시비가 붙었다. 나보다 머리 하나 정도 더 컸던 그 친구는 큰 덩치로 나를 밀어붙이더니 바닥에 눕히고 발로 밟았다. 억세고 큰 발이 내 몸을 짓이길 때 나는 태아처럼 웅크릴 수밖에 없었다.

매는 맞을수록 무뎌지게 마련이다. 그런데 진짜 아픈 곳은 따로 있었다. 유리처럼 깨져버린 나의 자존감. 일방적인 싸움 끝에 나는 내 한 몸도 지키지 못하는 바보가 되고 말았다. 집에서도 그렇게 맞고 자랐는데 같은 반 친구에게까지 맞아야 한다니!

싸움이 끝난 교실은 다시 원래대로 돌아갔지만 나는 평온한 일상으로 복귀할 수 없었다. 늘 당하기만 하는 지금까지의 모습 그대로 살아가기가 죽기보다 싫었다.

그날부터였다. 곧바로 윗몸일으키기와 팔굽혀펴기를 시작했다. 어머니를 졸라 산 아령으로 팔 운동도 했다. 기초적인 체력 훈련을 마치면 재빨리 숙였다가 스프링처럼 튕겨 일어서며 펀치를 날리는 연습에 돌입했다. 상대의 선제공격을 피하고 반격을 가하는 연습이었다. 누구에게 따로 배운 건 없었다. 무술이 뭔지, 싸운다는 게 뭔지도 몰랐다. 단지 피하고 때리면 이길 것이라는 생각으로 동물적인 감각을 키우기 위해 무수히 연습했다. 거친 숨을 토하며 허리 숙이기와 주먹 휘두르기를 반복했다.

피하고 때리기는 매일 무조건 100회 이상 반복했다. 같은 동작을 계속해서 반복하기란 쉽지 않았지만 매일 횟수를 갱신하는 것을 목표로 삼았다. 힘이 조금 붙은 뒤로는 아령을 손에 쥐고 같은 동작을 연습했다. 팔을 들기도 힘들 만큼 땀에 절면 가만히 앉아 숨을 고르며 머릿속으로 싸움의 순서를 생각했다.

　숙제를 빠뜨리는 날은 있어도 훈련을 쉬는 날은 없었다. 5월의 따사로운 나날에도 묵묵히 숙였다 휘둘렀다를 반복했고, 더위가 시작된 6월에도 팔굽혀펴기를 멈추지 않았다. 기말고사를 치르던 7월에도 교과서 대신 아령을 들었다. 방학식을 하던 날에는 방학 중 훈련 시간표를 짰다.

　방학은 훈련하기 딱 좋은 시간이었다. 어머니가 운영하는 미용실에서 시간을 보내곤 했는데, 하루는 거울을 보며 펀치 날리는 연습을 하다가 실수로 아령을 놓쳐 거울을 깨뜨린 적도 있었다. 그럼에도 불구하고 훈련은 계속되었다.

　2학기가 시작되고 얼마나 지났을까? 반년이 흐르는 동안 내 몸은 날렵해지고 단단해졌다. 아직 체격은 왜소했지만 이제는 그 친구와 붙더라도 질 것 같지 않았다. 기회는 금방 찾아왔다. 나를 짓밟았던 녀석이 다시 시비를 걸어온 것이다. 연습은 나를 배신하지 않았다. 덩치만 믿고 달려드는 그를 보기 좋게 때려눕혔다. 그리고 그는 다시는 나에게 덤비지 못했다.

　가만히 돌이켜보면 내 인생이 나쁜 기억으로만 점철된 것은 아니었다. 패배에 짓눌린 어린 시절의 상처가 모두 치유된 것은 아니었지만, 나쁜 기억을 보상받기 위해 '우월 추구'에 나선 적도 있었다.

지금도 나는 마른 몸에 대한 콤플렉스가 있다. 비쩍 마른 몸에 근육과 살집을 붙이기 위해 식단을 조절하고 헬스를 하며 72킬로그램까지 몸무게를 늘렸다. 누군가 내게 "어떻게 몸을 만드셨어요?"라고 물으면 '우월 추구'라고 답한다. 얼마나 멋진 말인가?

만일 당신이 열등감을 느끼고 있다면 그건 참 좋은 징조다. 왜냐하면 열등감이 동력이 되어 '우월 추구'가 작동하면서, 수많은 노력과 실행이 뒤따르기 때문이다.

공부에 콤플렉스를 느꼈던 누군가는 돈에 더 많은 관심을 갖고 주식 투자에 열정을 쏟기도 하고, 돈에 대한 열패감에 사로잡힌 누군가는 사회적 명예를 얻고자 에너지를 쏟는다. 머리 좋은 형이 부모님에게 칭찬받는 모습을 보고 자란 동생은 공부가 아닌 다른 분야에서 두각을 나타내기 위해 노력한다. 속 썩이는 언니 때문에 한숨 쉬는 부모의 모습을 보고 자란 둘째는 언니와 달리 부모님께 반항하지 않기 위해 애쓴다.

내가 중학교 시절 무시당하지 않기 위해 체력을 키워 강해지는 방법을 택한 것도, 유독 장거리 달리기를 못했음에도 군대에서만큼은 죽을힘을 다해 결승점에 들어오는 데 성공한 것도 마찬가지다.

우리 모두에게는 열등감이 존재하고, 이를 보상받기 위한 우월추구의 경험이 있다. 이는 동물적 에너지이자, 인간의 기본적 동기이기 때문이다. 그래서 의식하지 않은 상태에서도 힘을 발휘한다. 즉, 열등감도 제대로만 활용하면 성장의 동력이 된다는 뜻이다. 현재의 부족한 나에게 만족하지 않고 한 걸음이라도 더 나아가기 위한 발판으로 삼는다면 열등감은 아주 좋은 연료다.

노벨문학상 수상자들의 공통점

노벨문학상을 받은 위대한 작가들에겐 대체 어떤 재능과 비범함이 있는 것일까? 그것이 궁금했던 한 사람이 해답을 얻기 위해 여러 작가들과 인터뷰를 했지만, 마땅한 해답을 얻지 못했다.

그는 고민 끝에 작전을 바꾸었는데, 작가들의 글을 다루는 편집자들에게 물어보기로 한 것이다. 편집자들은 작가와 함께 호흡을 맞추며 오랫동안 일했으니 답을 알고 있을 것이라 여겼다. 여러 편집자들과 인터뷰를 거듭한 뒤 비로소 그는 위대한 작가들의 공통점 두 가지를 찾아냈다.

첫째는 열등감이 있다는 점이고, 둘째는 열등감을 이겨내려는 의지가 강했다는 점이다. 작가들은 자신이 지닌 열등감을 극복하기 위해 끊임없이 의지를 불태우며 분발하고자 했다. 어느 정도 성과를 거둔 뒤에도 거기에 만족하지 않고 더 높은 경지에 오르기 위해 또다시 자신을 단련시켰다.

그들이 노벨문학상이라는 거창한 목표를 달성하고자 그랬던 건 아니다. 작가로서 본인이 지향하는 가치와 성취를 위해 부족한 부분을 더욱 갈고 닦았을 뿐이다.

나 역시 마찬가지다. 애초에 독서가가 되거나 위대한 작가가 되려고 책을 읽기 시작한 게 아니었다. 비즈니스에 유용할 것이라는 계산이나 전략도 없었다. 그저 지금까지 살아온 내 모습이 싫었고, 열등감에서 벗어나 다른 인생을 살고 싶다는 열망으로 책을 들었다. 그 안에서 나와 내 삶을 바꿔줄 보석 같은 지혜를 발견하기를 희망하면서.

부족하다는 건 채울 수 있다는 뜻이고, 약하다는 건 노력하면 더 강해질 수 있다는 뜻이다. 열등감은 나를 좌절시키는 굴레가 아니라, 부단히 나아지기 위해 노력하게 만드는 불쏘시개다. 열등감은 부족한 자신을 인정하고, 인정한 그 자리에서 스스로의 힘으로 한발 한발 나아갈 수 있도록 자극한다.

'무기력한 나'라는 암초를 발견한 나는 초보 독서가이자 인생 신입생이었다. 나침반 없이 바다로 나가는 배는 암초를 만나 난파하듯 인생도 그러하다. 내게 있어 열등감은 어떤 태도로 살아가야 할지를 알려주는 인생의 나침반이었다.

제2장

1일 1행은
이렇게 시작되었다

보다 큰 절실함,
보다 많은 경험,
보다 깊은 공부가 내 삶에 변곡점이 된다.

머리가 아닌
몸으로 익혀라

어느 독서 모임 자리였다. 캐주얼한 복장의 30대 초반 남자 회원이 세상 누구보다 밝은 얼굴로 앉아 있다가 자기 차례가 되자 이렇게 말했다.

"저는 《시크릿》을 읽고 간절히 바라는 것의 마법을 알게 되었습니다. 간절히 바라면 이루어진다는 그 말을 믿고 매일 이렇게 생각했죠. '나는 언젠가 링컨 컨티넨탈을 탄다.' 그 생각을 꼬박 1년 정도 했을 무렵, 우연히 지인에게서 연락이 왔습니다. 좋은 외제 차를 1년간 탈 수 있는 기회가 있는데 한번 신청해보지 않겠느냐는 얘기였습니다. 비용은 없고 대신 온라인을 통해서 시승 경험을 꾸준히 홍보해주는 조건이었죠. 무슨 차냐고 물었습니다. 세상에, 링컨 컨티넨탈이었습니다. 오늘도 저는 그 차를 몰고 왔습니다. 물론 완전히 제 소유는 아닙니다만, 끌어당김의 법칙을 이렇게 체험하게 되니 그저 놀랄 수밖에 없었죠."

세상에는 수많은 책이 존재한다. 그리고 모든 책에는 나름의 비결이 담겨 있다. 그중에는 꽤 잦은 빈도수로 '○○하면 이루어진다'는 얘기가 등장한다. 우리는 그 주문을 참 좋아한다. 2002년 월드컵 때는 '꿈은 이루어진다'로 변주되었고, 꿈꾸는 어느 다락방의 주인장은 '생생하게 꿈꾸면 이루어진다'고 이야기했다. 책에 한참 빠져 있을 때, 특히 자기계발서에 흠뻑 빠져서 '나도 할 수 있다'는 주문을 외우고 살던 시절에는 나에게도 '꿈꾸거나 간절히 바라면 이루어진다'는 말이 하나의 종교였다.

그러나 죽기 전에는 내가 구원을 받았는지 아닌지를 증명하기 어려운 것처럼, '꿈꾸거나 간절히 바라면 이루어진다'는 말은 내게 지금까지 단 한 번도 증거를 보여주지 못했다.

나는 모든 책은 진리라고 믿었다. 어떤 책도 거짓을 말할 리가 없다고 철석같이 믿었던 것이다. 나의 멘토였던 군대 동기가 "책을 읽어봐."라고 말한 순간부터 '책은 반드시 좋은 것'이라고 믿고 따랐다.

그러나 책도 때때로 거짓을 말한다. 나는 《일독일행 독서법》을 통해서 한 권의 책을 읽고 내 것으로 만들려면 하나의 실행이 뒤따라야 한다고 강조했다. 마음을 움직이는 모든 책의 핵심 주장 한 가지를 따라 하기 위해서 노력했는데, 그중에는 효과가 의심되는 내용도 있었다. 그래서 직접 실행해보며 내게 별로 도움이 되지 않는 것들은 거짓으로 분류해 걸러냈다. 최소한 나에게는 거짓인 내용이 존재했다는 말이다.

특히 '간절히 바라면 이루어진다' 같은 얘기는 지금도 내가 받아들일 수 없는 말이다. 그들은 마치 무엇이든 '간절히'나 '생생히'만 있으면 다 될 것처럼 말한다. 세상에는 믿음만이 아니라 믿음의 실행을 요구하는 종교가 있는 반면, 실행은 모르겠고 일단 믿기만 하면 된다고 강조하는 사이비 종교도 함께 존재한다. 마찬가지로 책에도 올바른 실행 방법을 알려주는 책이 있는 반면, 교묘하게 과학의 탈을 쓴 얄팍한 사이비 책도 존재했다. 나는 시간이라는 대가를 치르고 비로소 그걸 구분할 수 있게 되었다.

책 한 권을 완벽히 내 것으로 만드는 법

물론 같은 책을 읽어도 얻는 것은 사람마다 다르다. 누군가는 새미를 얻고, 누군가는 사회를 보는 시야를 얻기도 한다. 책의 쓸모는 책을 읽는 나 자신에게 달려 있다. 어떻게 나에게 필요한 메시지를 뽑아낼지에 대한 고민과 훈련이 필요한 이유다.

나는 책을 읽을 때 인상적인 부분이나 마음에 와닿는 내용이 있으면 반드시 밑줄을 친다. 그리고 1회독을 한 후 밑줄 친 곳들만 다시 한 번 빠르게 읽어 나간다. 독서와 메모를 시작한 초기에는 최대한 많은 내용을 노트에 적기 위해 노력했다. 가령 한 권의 책을 읽고 밑줄 친 곳이 30~40군데라면 모든 내용을 옮겨 적으려 한 것이다.

하지만 시간이 흐를수록 메모의 부담만 커져갔고, 어느 순간 쓰는 행위가 노동처럼 느껴졌다. 쓰다가 지쳐버릴 때도 많았다. 욕심이 컸던 탓에 부작용이 생긴 것이다.

지금은 밑줄 친 내용을 모두 옮겨 적으려 하지 않는다. 좋은 문장들이 아무리 많은 책이라 할지라도 그중에서 가장 마음에 와닿는 다섯 개의 문장만 뽑아서 노트에 옮겨 적는다. 그리고 그중에서 가장 먼저 실행할 한 가지를 정한다. 이렇게 구체적으로 실행

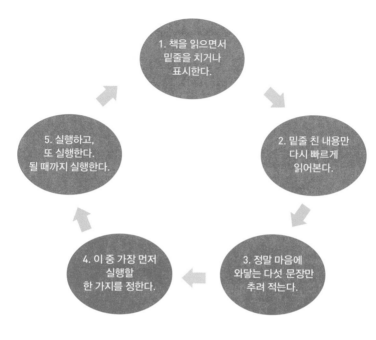

독서와 실행의 선순환 패턴

할 수 있는 부분을 뽑아냈다면, 습관처럼 몸에 밸 때까지 반복적으로 실행한다.

몸으로 익힌 지식만이 진짜 지식이 되어 나를 한 단계 성숙시킨다. 한번 내 몸에 장착된 지식은 외우기만 한 지식보다 내 몸에 더 오래 머물며, 창고에 묵혀둔 자전거처럼 원할 때 언제든 꺼내서 쓸 수 있다. 몸이 기억하니까 달라지는 것이다.

오늘 책을 읽고 한 가지를 배웠다면 그것은 절반만 배운 것이다. 오늘의 배움을 완성시키기 위해서는 내일 어떤 식이든 몸을 움직여 실행해야 한다.

이 과정은 독서에 국한되지 않는다. 무엇이든 아는 것에 그치지 않고 진짜 내 것으로 만들려면 실행이 뒤따라야 한다. 감나무 아래에서 감이 떨어질 때까지 입을 벌리고 있어봐야 입만 아프다. 작대기라도 가져와 가지를 흔들거나 감을 툭 쳐야 떨어지는 법이다.

본격적으로 요리를 배우고 싶어서 유명한 식당의 주방에 들어간 사람이 있다고 하자. 어떤 주방장도 친절하게 말이나 글만으로 노하우를 전수하지 않는다. 설거지든 청소든 무조건 일을 시킨다. 입에서 귀로 지식을 전달하는 것은 효과적인 교육 방식이 아니다. 몸을 써보면서 익히는 게 가장 확실하다. 시간은 오래 걸릴지 모르지만 결과는 확실하다. 이른바 도제식 교육이라고 부르는 이 방법은 자기계발을 하고 싶은 사람들에게 중대한 힌트가 된다.

그야말로 밑바닥 인생이던 내가 억대 연봉 CEO가 되니 주변 사람들이 하나둘씩 실행력의 비결을 묻기 시작했다. 돌이켜보면 '하루에 하나는 계획대로 꼭 실행하자'는 의지가 나를 변화시킨 힘이다. 즉 1일 1행의 약속을 지킨 것이 지금의 나를 만들었다. 처음에는 거창한 꿈을 꾸면서 많은 계획을 세우기도 했다. 하지만 막상 실행으로 옮기려니 한두 개 제대로 해내기에도 버거웠다. "하루에 고작 하나가 뭐야."라고 생각하는가? 하나는 '고작'이 아니라 변화의 '시작'이다. 하나라도 하게 되면 할 수 있다는 자신감이 붙는다.

공부를 한 번도 제대로 해보지 않은 학생에게 두 시간 동안 책상에 앉아 있으라고 주문한다면 성공할 수 있을까? 아마 가능성은 낮을 것이다. 하지만 10분은 가능하다. 한 달 동안 10분씩 앉아 공부하기에 성공하면 목표 시간을 늘리기는 쉬워진다. 이 성공의 경험으로 20분, 30분에 도전할 수 있게 된다. 이렇게 차곡차곡 시간을 늘려가면 처음 계획했던 두 시간도 무리 없이 해낼 수 있다.

목표가 거창하다고, 매일 해야 할 실행 목록까지 무리해서 많이 잡아선 안 된다. 처음엔 1일 1행으로 시작해야 한다. 그런 후 다음 단계로 올라가는 연습을 한다면, 조금씩 나를 바꿀 수 있게 된다.

돈 안 드는
특급 과외

마냥 책을 읽고, 자격증을 따기 위해 학원 다니기엔 적잖은 부담
이 되었다. 그래서 돈을 덜 들이면서 공부할 수 있는 방법들을 찾
기 시작했다.

뉴스나 백과사전, 웹페이지, 블로그, 카페, SNS 등에는 정보가
넘쳐난다. 그중 뉴스는 특성상 구구절절한 설명을 하지 않기 때
문에 금세 이해되지 않을 때가 많다. 백과사전은 지식을 요약해
서 정리한 도구라서 글이 딱딱하고 어려운 전문용어투성이일 때
가 많다. 카페도 유용하기는 하지만 다른 게시물을 읽으려면 가

입을 해야 하는 등 절차가 번거롭다. 웹페이지는 언제적 게시물인지 알기 어려울 때가 많고, 때때로 페이지가 너무 오래되어 사라진 경우도 종종 있다. 그럴 때 블로그와 유튜브를 추천한다.

페이스북이나 유튜브, 밴드나 카카오스토리, 인스타그램이 서로 견제하며 힘겨루기를 하는 와중에도 블로그만큼은 변함없이 자기 자리를 지키고 있다는 게 놀랍다. 이것이 블로그의 장점이기도 한데, 신기하게도 블로그라는 매체는 유행을 잘 타지 않는다. 아마도 사람들과 소통을 원하는 이들이 블로그를 베이스캠프로 삼는 경향이 있기 때문에 오래도록 유지되는 게 아닐까 싶다. 그만큼 블로그는 전통을 갖고 있고, 안정적이고, 다양한 정보를 담아두기 편리하다.

요즘은 블로그만으로는 부족하다. 유튜브가 대세라는 것을 부정할 수 없다. 한 달에 15억 명 이상이 동영상을 시청하고, 분당 400시간 분량의 동영상이 새롭게 올라오며 성장하고 있는 시장이기 때문이다. 텍스트로만 봤을 때는 풀리지 않았던 문제들이 유튜브 동영상을 통해 손쉽게 해결되는 경우도 많다.

책을 읽다가 내용이 잘 이해되지 않거나 보충 정보가 필요하다면 해당 부분에 포스트잇을 붙이고 블로그와 유튜브를 찾아보자. 물론 모든 게시물이 다 유용하진 않을 것이다. 어려운 용어를 써가며 과시적으로 글을 쓴 사람들도 많고, 별 내용이 없이 간략히 영상을 올리는 사람들도 있다. 이런 것들은 빠르게 지나쳐 내 눈높이에 맞게 설명해주는 정보를 찾으면 된다. 만약 외국 저자의 책을 읽고 있다면 테드Ted를 통해 더 깊이 있게 공부하면 좋다. 요즘은 대부분의 영상이 한글 자막을 제공하기 때문에 외국어가 능숙하지 않더라도 작가의 강연 영상이나 인터뷰 영상을 보는 데 지장이 없다.

블로그와 유튜브에서 생생한 정보를 읽었다면, 관련 책을 펼쳐서 다시 앞뒤 문맥을 파악하며 자신이 이해한 게 맞는지 확인하자. 이제 하나의 포스트잇은 해결된 셈이다. 이런 식으로 다양한 플랫폼에서 정보를 찾아 궁금증이 해결되면 포스트잇을 떼어내자. 이런 식으로 반복하면 책에 담긴 지식을 제대로 이해할 수 있다.

그러나 다양한 플랫폼 활용은 이게 끝이 아니다. 쉽게 설명한 유저를 만나면 본격적인 탐험을 시작한다. 이 정도로 쉽게 글을 쓰는 블로거 혹은 양질의 영상을 올려주는 유튜버라면 다른 정보도 쉽게 설명했을 가능성이 크다. 관심사도 비슷한 경우가 많다. 해당 매체의 메뉴를 보고, 관련 정보를 하나씩 공략해가자. 이제 '블로그＋유튜브 독서'의 시간이 펼쳐질 것이다.

노트와 필기도구를 옆에 두거나 공유하기, 즐겨찾기, 페이지 저장하기 등 갈무리 방법을 활용하여 필요한 지식을 모아두자. 경험해보면 알겠지만 살아 있는 유용한 정보는 블로그와 유튜브에 거의 다 있다고 해도 과언이 아니다.

블로그와 유튜브의 유용성은 많지만 그 가운데 하나는 신속한 업데이트라는 점이다. 책은 발행일의 한계 때문에 어떤 것은 유효 기간이 지난 낡은 정보일 수 있다. 그러나 부지런한 블로거와 유튜버는 최신 정보에도 관심이 많기 때문에 항상 새로운 정보를 업로드할 확률이 높다.

게다가 책은 공식적인 매체이기 때문에 밝히기 어려운 사적인 경험은 넣지 않는 경향이 있다. 하지만 그런 정보 중에는 실제로 경험하지 않으면 알기 어려운 것들이 생각보다 많다. 블로거와 유튜버의 실전 경험담은 책이 말하지 못하는 내용까지 담고 있기 때문에 소중하다. 특히 그들의 오랜 경험으로 터득한 노하우는 암묵지暗默知로서 중요하다. 형식지와 암묵지 두 가지 지식이 한데

어우러져야 온전한 지식을 갖추었다 할 수 있으므로, 그들의 세
세한 직관력이나 고유의 비법까지 정복하도록 하자.

절박한 이유가 생기면
누구도 못 말린다

한번 미끄러지기 시작한 내 인생은 연신 내리막길을 걸으면서, 이른바 '꼴통'들만 모인다는 허름한 실업계 고등학교에 들어갔다. 수업을 빼먹는 날이 부지기수였고, 수업시간에는 잠을 자거나 떠들거나 둘 중 하나였다. 툭하면 패싸움을 하러 몰려다녔다. 경찰서와 법원 출입도 잦았다. 보다 못한 담임선생님이 졸업을 앞둔 나에게 이렇게 말했다.

"너 이렇게 살다간 사회에 나가서 쓰레기 취급당한다."

전부터 우리 인생에 큰 희망을 갖고 계셨던 분은 아니었던 것으로 기억하지만, 어쨌든 나름의 안타까움을 표현하신 것이리라.
그러나 내 입에서는 거친 반응이 나왔다.

"누군 몰라서 그래요? 제기랄!"

아무리 양아치고 못돼 먹은 놈이라도 절대 해서는 안 되는 말
이 있다. 내게는 선생님의 걱정이나 염려보다는 그 단어가 연상
시키는 불길한 미래가 더 크게 다가왔다. 쓰레기라니!

'쓰레기'라는 말은 가장 듣기 싫은 말 가운데 하나였다. 내 인생
을 완전히 부정당하는 기분이 들어서다. 차라리 뺨을 한 대 맞는
게, 몽둥이찜질을 당하는 게 나았을지 모른다.

"코끼리를 생각하지 마."

만일 당신이 이 문장을 듣게 된다면 당신 머릿속에는 이미 코끼
리 한 마리가 걸어 다닐 것이다. 코끼리를 생각하지 말라고 듣지
만 뇌는 그렇게 반응하지 않는다. '코끼리'라는 단어가 귀로 들어
온 순간 게임은 끝. 이제 코끼리에서 벗어날 수 없다.

선생님이 하신 '쓰레기'라는 저주 같은 그 말을 어떻게든 떨쳐
내려 했다. 하지만 그 말은 '코끼리'가 머릿속에 걸어 다니는 것처
럼 그림자가 되어 나를 따라다녔다.

내무반 고참 한 명이 떠들썩하게 제대하던 날도 그랬다. 흥분으

로 가득했던 내무반 분위기가 가라앉고 다시 일상이 시작되었다. 전투복을 갖춰 입고 경계근무를 나갈 무렵, 다시금 선생님의 말씀이 떠올랐다. 제대한 고참을 보면서 자연스럽게 나의 제대 이후를 상상해보았기 때문이다.

공부와 담쌓은 지는 오래. 돈만 내면 다닐 수 있는 지방 전문대에 적을 두고 있었다. 1년간 학교를 다녔지만 뭘 배웠는지 기억도 안 난다. 학점은 1.7점대였다. 아마 제대 후에도 별로 달라지는 건 없겠지? 그러면 취직은? 앞으로 뭐해 먹고 살아야 하지? 결혼이나 제대로 할 수 있을까? 그게 내가 바라는 삶일까?

어쩌면 내 인생 처음으로 미래를 진지하게 고민했던 순간이 아닐까 싶다. 순간, 나도 모르게 이렇게 혼잣말을 했다.

"후유, 앞으로 어떻게 살아야 하지?"

같이 걷고 있던 고참이 물었다.

"뭐라고?"

"아, 아닙니다. 그냥 혼잣말이 튀어나왔습니다."

근무를 서는 내내 마음이 무거웠다.

2년 전 나는, 미래를 생각조차 하지 못했다. 형편없는 현실을 부정하며 방탕한 삶을 살았다. 날 쓰레기라 부른 선생님을 원망했고, 내 머릿속에 지우개가 있다면 쓰레기라는 말을 지우고 싶었을 뿐이다. 그런데 2년 만에 나의 반응은 달라졌다.

예전처럼 다시 쓰레기가 될 수 있다는 사실을 받아들였다. 아니, 지금까지의 삶이 쓰레기였음을 인정했다. 내 인생이 바닥을 기고 있음을 수긍했다. 놀랍게도 현실을 인정하니 더 이상 욱하지 않고 나를 '쓰레기'라 부르는 선생님을 떠올릴 수 있게 되었다. 그러자 내 안에서 두려움에 벌벌 떨고 있던 진짜 내가 뱃속 깊은 곳에서 이렇게 말했다.

"그럼 이제 어떻게 살아야 하지?"

내 인생에서 처음 느낀 절박함이었다.

질문의 힘은 강하다

나는 어제까지 어깨에 힘주고 살던 사람이었다. 주머니에 돈은 없어도 '폼생폼사'가 내 모토였다. 아무리 힘들어도 눈물 따위는 내 것이 아니었다. 건드리면 잡아먹을 듯 으르렁거리는 육식동물이 내 겉모습이었다. 그런 내가 어느 날 가죽옷을 벗었다. 그 안에 숨어 있던 여리디여린 양 한 마리가 얼굴을 내밀며 이렇게 말했다.

"어떻게 살아야 하지?"

내 입에서 툭 튀어나온 말이라고는 믿을 수가 없었다. 그러나 내 옆에는 멀뚱거리며 나를 쳐다보는 고참밖에 없었으니, 그건 분명 내가 한 말이었다.

나는 인생의 방향이 달라지고 있음을 느꼈다. 그리고 군대 동기에게 다가가서 "공부는 어떻게 하는 거냐?"고 물었다.

그날 이후로 군대에서 많은 변화를 경험했다. 책을 읽고, 한자를 공부하고, 영어를 공부하고, 독서 노트를 쓰고, 하루를 기록했다. 그렇게 세상에서 살아남는 법을 찾아 나섰다.

열등감이 나를 움직이게 만든 건 사실이다. 그러나 그 에너지가 구체적인 실행으로 이어지게 된 것은 그날의 절박한 한마디 때문이었음을 잘 알고 있다.

남들보다 한참 늦은 만큼 그들을 쫓아가려다 보니 내무반에서 TV 보는 시간도, 잠깐 담배를 피는 시간도 아까웠다. 나는 그날의 절박한 질문이 내게 안긴 숙제를 완수하기 위해 1분 1초도 허비하지 않기 위해 애썼다.

일본에 이나카다테라는 작은 마을이 있었다. 생존의 절박함에 직면한 이 마을은 변화와 실행으로 위기를 극복한 사례로 손꼽힌다. 쌀 생산으로 유명했던 이나카다테는 식생활의 서구화로 쌀 소비가 급격히 줄어들고 심각한 고령화로 활기를 잃으면서, 어떻게 마을을 되살릴 수 있을지 고민에 빠졌다. 그리고 각계의 의견을 모아 품종 개량을 통해 빨강, 노랑, 주황, 초록, 보라, 하양 등 거대한 그림을 그리듯 다양한 색상의 벼를 심었다. 봄에 모내기를 하고 가을 수확기에 이르는 동안 그림은 점점 모습을 드러냈다. 1993년 〈스타워즈〉의 로고를 시작으로 기모노를 입은 여인, 울트라맨, 모나리자, 영화 〈바람과 함께 사라지다〉의 한 장면이 펼쳐졌다.

여기서 끝이 아니다. 이렇게 만든 자연의 그림을 QR코드로 전환해 소비자가 스마트폰으로 그림을 찍으면 바로 쌀을 구매할 수 있는 시스템을 만들었다. '라이스 코드'라고 불리는 이 프로젝트는 쌀 매출을 끌어올리는 데 엄청난 기여를 했으며, 이후 전체 주민 수의 수십 배가 넘는 수십만 명의 관광객을 유치하는 명소로 자리 잡았다.

마을이 사라질지도 모른다는 절박함은 변화와 실행의 동력이 되었다. 누구나 마찬가지다. 내면 깊은 곳에서 올라온 절박함만이 스스로를 향해 치열한 질문을 던지게 만들고, 위기를 기회로 바꾸는 강력한 힘을 준다. 노인들이 절박함을 동력으로 죽어가는 마을을 살린 것처럼, 나이와 상관없이 삶을 바꿀 기회는 언제든 만들 수 있다.

뭐라도 해야만
뭐라도 걸린다

제대한 뒤 여러 가지 일에 도전하면서 실패도 하고 성공도 했다. 복학한 학교에서 2학년 2학기 4.5점 만점을 받는 데 성공했으나, 부상 때문에 체대 편입에는 실패했다. SK브로드밴드 인터넷·TV· 전화 해지방어상담 업무부에서는 전국 1등이라는 실적을 기록했으나, 경찰 공무원 시험에는 떨어졌다. 한자 2급 자격증은 땄으나, 1급 자격증은 따지 못했다. 블로그 비즈니스는 성공했으나, 과일 주스 사업은 실패했다.

아이러니하게도 하고 싶어서 도전했던 일 중에는 의외로 실패한 일이 많았고, 어쩔 수 없이 하던 일 중에서 성공한 경우가 많았다. 내 인생은 뒤죽박죽 꼬여 있는 느낌이었다. 그리고 나이는 어느새 서른을 앞두고 있었다.

만일 《1만 시간의 법칙》을 쓴 저자가 내 인생을 컨설팅했다면 뭐라고 말할까? 이것저것 여러 가지 쑤시고 다닌 것 같기는 한데 한 가지도 제대로 한 건 없다는 쓴소리를 하지 않았을까? 그런데 이것만큼은 10년간 매일같이 꾸준히 해왔다고 자신 있게 말할 수 있었다. 책 읽기, 그리고 독서 노트와 다이어리 쓰기였다.

내가 작가가 될 수 있었던 이유

내가 17년간 3,000권이 넘는 책을 읽었던 이유, 150권이 넘는 독서 노트와 10권의 다이어리를 기록했던 이유는 뭔가 붙잡고 싶은 게 있었기 때문이다. 부표와 같이 떠밀려 다니는 인생에서 내가 현재 어디에 있는지, 어느 지점을 향해 가는지 방향을 알아야 했다. 그래서 나는 매일같이 읽고, 매일같이 기록하는 시간을 가졌다.

그러던 스물아홉 살의 어느 날, 또 하나의 절박한 질문이 내 안에서 흘러나왔다.

"나도 책을 써보면 어떨까?"

스물아홉 살, 저자가 되기에는 너무 이른 나이일지 모른다. 세상 어느 출판사가 아직 이름도 없고 뚜렷한 성과도 없는 젊은이에게 기회를 줄까? 그러나 세상에 뿌리를 내리지 못했던 나에게 책 출간은 꼭 필요한 씨앗이었다. 나는 차근차근 책을 쓰기 위한 준비를 진행했다.

처음에는 블로그로 시작했다. 책 읽기 경험을 단편적인 글로 적어서 올리기 시작했는데, 제법 반응이 괜찮아서 독서 노하우와 책 추천이라는 그럴싸한 제목으로 포스트를 연속해서 게재했다. 방문자들의 댓글은 나를 들뜨게 했다. 사람들은 내게 '어떤 책을 골라야 하는지', '어떻게 책을 읽어야 하는지' 등에 대해 다양한 질문을 던졌다. 질문을 받고 떠오르는 생각들을 하나씩 정리하며 올리다 보니 30~40개의 목록이 생겼다. 그렇게 4~5개월 정도 글을 올렸는데 몇몇 글이 네이버와 다음 메인에 노출되면서 1,000명에서 3,000명이던 일일 방문자가 3만에서 5만 명으로 늘었다. 가장 반응이 뜨거웠던 주제는 독서 노트 작성법이나 독서 습관 만들기 등이었다.

서른세 살, 출판사에서 책을 내보자고 연락이 왔다. 모든 게 처음이라서 출판사의 의견을 최대한 따르려고 노력했다. 마감까지 주어진 시간은 총 넉 달. 그러나 첫 두 달 동안은 썼다 지웠다만 되풀이했다. 두세 줄 쓰고 나면 어김없이 자괴감이 밀려왔다. 이렇게 형편없는 글인데 어떡하지? 차마 남에게 보이기 부끄러운 글이었다. 나는 한 줄 쓰고 한숨을 내쉬고, 지우면서 다시 한숨을 내쉬기를 반복했다.

시간은 쏜살같았다. 마감이 두 달 앞으로 다가오자 이마가 뜨거워질 지경이었다. 그날도 도서관에서 머리를 부여잡고 글의 뮤즈를 찾고 있었는데 편집장에게서 전화가 왔다.

"중간 점검차 연락드렸어요. 잘 쓰고 계시죠?"

낯이 화끈 달아올랐다.

다음 날부터 하루 네다섯 시간을 책을 쓰는 데 투자했다. 휴일에는 여덟 시간씩 글쓰기에 몰두했고, 도서관이 문을 닫는 밤 10시까지 앉아 있기도 했다. 나는 목표를 조정했다. 잘 쓰려고 하지 말자. 일단 분량을 채우는 게 먼저다. 글이 어떻든 일단 하루에 A4 두 장을 채우겠다고 마음을 다잡았다. 너무 검열하지 말고 그냥 머릿속에 떠오르는 대로 써보자!

온갖 글쓰기 노하우를 동원했다. 백색소음이 있는 곳에서 글이 잘 써진다는 얘기를 듣고 패스트푸드점이나 카페 등으로 메뚜기처럼 옮겨 다니면서 글을 써보기도 했다. 전에 읽었던 책들을 100권 넘게 다시 들춰 보면서 그들처럼 써보려고도 했다.

알고 지내던 박사님 한 분의 댁으로 찾아가서는 오늘 한 꼭지 쓰기 전에는 안 가겠다며 옆에 앉아 억지로 분량을 채운 적도 있다. 창피했지만 박사님은 내 글을 읽어보신 후 잘 썼다며 용기를 북돋워 주셨다.

2015년 10월, 드디어 내 인생의 첫 책이 나왔다. 막연하게 생각만 하고 실행하지 않았다면 아무 일도 일어나지 않았을 것이다. 책을 쓰겠다고 결심한 후에는 당장 할 수 있는 가장 쉬운 일부터 했다.

만약 책을 쓰고 싶다면, 어떻게 할지 고민만 하지 말고 일단 뭐든 쓰자. 책에서 읽은 단 한 문장이라도 좋으니 옮겨 적어보거나 언제 처음 책을 읽기 시작했는지 등을 써봐도 좋다. 일단 실행하는 게 중요하다. 만일 내가 블로그에 글을 올리지 않았다면 아마 책을 낼 수 없었을 것이다.

두 손에 책을 받아 든 그 날, 내 인생이 다시 한 번 달라졌음에 전율을 느꼈다. 내 삶의 방향은 어느새 오토바이에서 벗어나 책이라는 새로운 항로로 바뀌어 있었다.

발품을
아끼지 마라

내게 세 번째 절박한 순간이 찾아왔다. 결혼을 앞둔 우리 부부가 살 집 한 채 없다는 현실 앞에서 너무 화가 났다. 두 달 넘게 부동산을 돌아다니느라 지칠 대로 지쳐 있었다. 끝내 굳은 얼굴로 인적 드문 벤치에 앉았다. 그때 뭔가가 내 안에서 꿀렁 하고 솟구쳐 올라왔다.

'다시는 부동산에 휘둘리지 않겠다!'

신혼집을 고르고 살림살이를 마련하는 과정에서 부부끼리 많이들 다툰다고 하는데, 우리 부부는 한 번의 다툼도 없었다. 다투고 말고 할 것도 없을 만큼 가진 돈이 적었고, 서로 이를 잘 알았기 때문이다. 현실은 냉혹했다. 돈에 맞춰 집을 보면 한숨이 나오고, 집이 마음에 들면 가격이 맞지 않았다. 고민스러운 마음에 당장 결정하지 못하고, 발길을 돌렸다가 오후에 다시 연락해보면 집은 여지없이 새로운 세입자를 만났다. 나오는 물건은 적고, 찾는 사람은 많았다. 더 부지런히 뛰어다니면 못 찾을 것도 없다고 믿었지만 현실은 달랐다. 두세 달이 지났지만 우리가 살 수 있는 집은 단 한 채도 없었다. 그 사이 전세가도 6,000만 원 넘게 올라버렸다. 전세대란이었다.

결혼식까지 한 달 남짓 남았을 때였다. 불안감과 함께 자괴감이 몰려왔다. 미래의 아내에게 미안한 마음뿐이었다.

주말에 시간을 내서 강남의 전셋집을 둘러보고 나오면서 부동산 투기의 상징이 된 그 동네에 나도 모르게 화를 내고 있었다. '이건 모두 부동산 투기꾼들 때문이야! 이렇게 불합리한 게 어디 있어? 나름대로 열심히 살아왔는데 집 한 채 구할 수 없다니. 이건 너무 불공평해!' 한편으론 부럽고, 한편으론 너무 비참했다.

나에게는 집이 각별할 수밖에 없는 사연이 있다. 부모님의 이혼으로 우여곡절 끝에 할머니, 할아버지 손에 자라게 된 나는 초등학교 3학년 때 처음으로 친어머니와 함께 살 수 있게 되었다. 하지만 집다운 집에서 살았던 기억은 없다. 미용실 한쪽 끝 바닥을 스티로폼으로 깔고 그 위에 장판을 올린 다음 이불을 덮고 지내야 했다. 장판을 뒤집으면 바퀴벌레가 쏟아져 나왔고 샤워 시설이 없어 제대로 씻지도 못했다. 팍팍한 삶에서 벗어나려 발버둥쳤지만 환경은 도무지 나아질 기미가 보이지 않았다. 그래서 결혼을 하면 다른 건 몰라도 꼭 번듯한 집에서 살고 싶다는 꿈이 있었다.

그러나 결혼을 앞두고 집을 보러다니면서 어릴 적 꿈은 깨졌다. 냉철하게 나 자신을 돌아보았다. 그때까지 부동산에 대해 아무것도 몰랐다는 것을 깨달았다.

그동안 수많은 책을 읽고 100여 권이 넘는 독서 노트를 쓰며 '일독일행'을 외쳤다. 하지만 부동산이나 재테크와 관련된 책은 읽은 권수도 적었고, 읽고 나면 그대로 책장에 꽂아버리곤 했다. 나와는 먼 이야기, 여유자금이 있는 사람들이나 할 수 있는 일이라고 여기며 관심을 두지 않은 탓에 실행까지 이어지지 못했다. 부동산을 가진 사람들을 욕해봤자 변하는 것은 아무것도 없었다. 더 이상 부동산에 휘둘리지 않기 위해서는 제대로 공부해야만 했다.

당장 서점으로 달려가 부동산과 재테크 관련 책들을 닥치는 대로 섭렵해나갔다. 한 권씩 읽을 때마다 완전히 새로운 세상이 눈앞에 펼쳐졌다. 막연하고 어렵게만 느껴졌던 것들이 하나씩 정리되었고, 어떤 식으로 투자하면 성공할 수 있을지 감이 왔다. 그렇게 부동산 공부에 몰입하며 시중에 나와 있는 책이라면 구간과 신간을 가리지 않고 모조리 읽었다.

책을 읽는 것에 그치지 않았다. 책을 쓴 저자들에게 감사의 마음을 담아 꼭 한번 만나고 싶다는 메일을 빼놓지 않고 보냈다. 이유는 하나다. 부동산 공부를 시작한 지 얼마 되지 않다 보니 책을 읽어도 이해되지 않는 것들이 많았기 때문이다. 모르는 게 있으면 어떻게 해야 하는가? 아는 사람에게 물어보면 된다. 가고자 하는 길을 가장 빨리 가기 위해서는 어떻게 해야 하는가? 가본 사람에게 물어보면 쉽게 길을 찾을 수 있다. 고민만 하고 넘어가면 평생 내 집 하나 장만하기 어려울 게 뻔했다. 그래서 직접 저자에게 물어보는 방법을 선택한 것이다.

저자들을 만나 조언을 구하고 강의까지 들으니 지식이 쌓이는 게 눈에 보였다. 그러면서 부동산 투자에 있어서 가장 중요한 것은 '발품'이라는 깨달음을 얻었다. 발품불패. 즉, 발로 뛰면서 얻은 정보와 실력은 절대로 헛되지 않다는 원칙을 잊지 않고 공부에 열을 올렸다.

그 결과 부동산 공부를 시작한 지 9개월 후, 내 집 장만에 성공했다. 현재는 독서법과 기록법뿐만 아니라 부동산, 재테크 등을 주제로 전국을 돌아다니며 강의하기에 이르렀다.

이렇게 다양한 지역을 다니며 일하다 보면 발품을 팔며 부동산 투자를 할 시간이 절대적으로 부족할 수밖에 없다. 궁즉통窮則通. 궁하면 통한다고, 극단의 상황에서 해결책을 찾아야 했다.

주변 강사들은 대부분 다른 지역으로 강연하러 가면 강연만 하고 돌아온다. 하지만 나는 그 지역에 대한 부동산 분석을 미리 끝내고 강연하러 갔다. 그리고 강연 전이나 후에 분석한 자료를 가지고 직접 움직였다. 시간이 너무 촉박해 여의치 않으면 초청해 주신 관계자분들에게 현재 지역의 상황들을 묻기도 했다. 택시를 탈 때는 택시기사님과 해당 지역의 부동산에 대한 이야기를 나누며 내가 분석한 내용이 맞는지 아닌지, 그 지역의 부동산 시세와 특징은 어떤지 확인하는 작업을 반드시 거쳤다.

이제 더 이상 남을 원망하거나 시기하고 질투하지 않는다. 주어진 환경 속에서 기회를 찾으려 노력하고, 원하는 것을 이루고자 하는 뜨거운 열망을 갖고 삶을 바꿔나가고 있다. 집이 없는 설움

에서 시작한 이 작은 발걸음과 노력들로, 나의 인생 전체가 놀랍
도록 변했다.

관찰하고 기록하라,
저절로 달라진다

우연한 기회에 향초를 만들러 간 적이 있다. 곱게 나이 드신 사장님은 손재주가 없는 우리를 보고 도움이 필요하다고 느끼셨는지 초 하나를 들고 다가오셨다. 그러더니 흥미로운 이야기를 들려주셨다.

"초조와 불안의 차이를 아세요?"

사장님이 초의 심지에 불을 붙였다. 동그랗고 작은 촛불이 이내 길쭉하게 솟아올랐다.

"가만히 보시면 초가 일렁거려요."

촛불은 전체적으로 곧게 서 있는 것 같지만 자세히 보면 미세하게 떨리고 있었다.

"초 주위의 공기 흐름에 따라 촛불이 움직이는 거죠. 이게 초조예요. 왜, 우리도 초조할 때가 있잖아요? 마치 이 촛불처럼 우리 몸도 주변 분위기를 감지하고 떨리는 거죠. 초조함은 우리 몸이 감지하는 거예요. 반면 불안함은 몸이 느끼는 게 아니라 마음이 느끼는 거죠. 내가 촛불이라고 치고, 누가 저만치 떨어진 선풍기 앞으로 걸어가는 걸 봤다고 생각해봐요. 조금 있으면 전원 버튼을 눌러서 선풍기를 켜겠죠? 아직 켜진 것도 아니지만 나는 슬슬 불안해져요. 앞으로 벌어질 일을 그려보면 불안해서 못 견디죠."

내가 인생에서 느낀 세 번의 절박함은 과연 초조일까, 불안일까? 불투명한 미래의 공기를 느끼고 나도 모르게 내뱉은 말이라고 본다면 초조가 맞을 것 같다. 반면 여기서 변하지 않으면 영영 쓰레기로 살아가야 한다는 생각에서 나온 것이라면 불안이 맞을 것이다. 때로는 몸이 먼저 느끼고, 때로는 마음이 먼저 느낀다. 하지만 무엇이든 간에 큰 차이는 없다. 중요한 것은 절박한 순간 물러서지 않고 실행하는 것이다.

물론 절박하지 않더라도 실행력이 뛰어나다면 금상첨화지만,

나처럼 궁지에 몰려야 실행하는 사람도 많다. 그런 성격이라면 궁지에 몰릴 만한 일이 없을 때 다음과 같은 방법이 도움된다. 바로 일상의 기록인 메모다.

메모의 마력

군대에서 시작된 메모 습관은 지금까지 이어지고 있다. 원래는 책을 읽어도 남는 게 없다는 생각에서 시작한 것인데, 일상의 기록까지 남기면 좋겠다 싶어서 다이어리 쓰기로까지 확대되었다.

다이어리에는 일정만 적는 게 아니다. 나는 생각이 엉켜 복잡할 때도 다이어리를 꺼내 들었다. 그리고 여러 책에서 배운 기록법을 내 식에 맞게 변형하여 다양하게 활용했다. 타인에게는 아무런 의미도 없는, 그저 생각이 떠오르는 대로 적는 낙서로 보였을지 모르지만 내게는 엄청난 도움이 되었다.

하루는 마음이 너무 힘들어서 일상의 궤도에서 잠시 벗어난 적이 있었다. 멍하니 벤치에 앉은 채 지나가는 사람들의 얼굴을 보다가 문득 다이어리가 떠올랐다. 늘 들고 다니던 다이어리를 꺼내서 별생각 없이 앞장부터 넘겨 보기 시작했다. 각종 영수증이

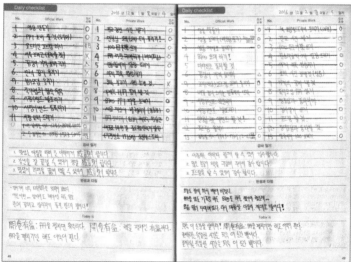

사소해도 좋으니 자투리 시간을 활용해 아이디어나 고민, 목표를 메모해보자.

붙어 있고, 책의 좋은 글귀, 감사 일기, 일정, 한자 공부한 흔적이 있었다. 그리고 중간중간 휘갈긴 글씨로 뭔가가 적혀 있었다. 낙서 같은 글자들을 읽다 보니 내가 지난 시간 고민했던 내용을 알 수 있었다. 몇 날 며칠, 아니 여러 달 여러 계절을 되풀이했던 고민이 담겨 있었다. 페이지를 넘겨보면 일상의 흔적은 계속 달라지는데 고민하고 걱정하던 내용들은 단어만 다를 뿐 그대로임을 발견했다. 꼭 목소리의 형태로 내 입을 빠져나온 건 아니지만 그 기록들은 또 다른 나의 목소리였다. 그 안에는 앞으로 어떻게 살아갈 것인지, 어떻게 경제적 자유를 얻을 것인지, 앞으로 어떤 책을 쓸 것인지, 어떤 좋은 사람이 될 것인지와 같은 내용들이 담겨 있었다.

내 마음이 시켜서 쓴 메모인지, 아니면 메모가 내 마음을 바꾼 것인지는 명확지 않다. 어쩌면 내 마음이 메모를 만들고, 메모가 다시 내 마음을 강화시킨 것인지도 모르겠다.

그리스 테살리대학교의 안토니스 핫치조르지아디스라는 학자가 이렇게 말한 적이 있다.

"혼잣말은 자신의 행동을 활성화시킨다."

혼잣말이 아니어도 괜찮다. 글이든 소리든 의도적으로라도 메모해보자. 메모로 표현하면, 궁지에 몰리지 않고서는 알아채기 힘든 절박함이 그 문장 안에서 점차 선명해진다. 그리고 그 절박함을 찾아야 내가 무엇을 해야 할지, 어떤 목표를 갖고 무엇을 실행해야 할지 손에 잡힌다. 결국 메모는 실행을 유도하는 훌륭한 도구가 될 것이다.

제3장

1일 1행 생활로
인생이 달라진다

'언젠가'라고 꿈꾸지 말고 '지금' 해야 할 일을 해내자.
우리 뇌는 작은 일을 해내든 큰일을 해내든
그것을 모두 '성공'으로 각인시킨다.

첫 번째 할 일이
명확해진다

체로키 인디언들에게 전해져 내려오는 '우리 마음속에 사는 두 마리 늑대' 이야기는 유명하다. 지혜로움으로 가득한 이 이야기에는 다음과 같은 대화가 나온다.

할아버지 : 얘야, 우리 마음속에는 두 마리의 늑대가 산단다. 이
　　　　　　둘은 늘 싸우고 있지.

소　　　년 : 왜 싸우나요?

할아버지 : 둘은 성격이 정반대거든. 한 마리는 늘 화가 나 있고,

욕심이 많고, 오만하지. 반대로 다른 한 마리는 늘 기

쁨에 가득하고, 평화를 갈망하고, 친절하단다. 애야,

너는 둘 중에 누가 이겼으면 좋겠니?

소　　년 : 서는 착한 늑대가 이겼으면 좋겠어요.

할아버지 : 그렇지. 착한 늑대가 이기면 좋겠지. 그런데 말이다.

진짜 이기는 늑대는 따로 있단다.

소　　년 : 누가 이기는데요?

할아버지 : 네가 먹이를 주는 늑대가 이기지.

　내가 어떤 사람이 될 것인지는 자신의 선택에 달렸다는 중요한 사실을 일깨워주는 이야기다. 그런데 여기서 한 가지 짚고 넘어갈 게 있다. 도대체 그 먹이란 무엇을 뜻할까? 육체가 있는 늑대에게는 고깃덩어리가 먹이다. 그런데 체로키 인디언 이야기에 나오는 늑대는 마음속에 사는 동물로, 우리 마음을 빗댄 표현이다. 형체도 없고 입도 없는 이 동물에게 우리는 어떤 먹이를 어떻게 주어야 할까? 상대방과 싸워서 이길 만큼 큰 힘을 갖게 하려면 어떻게 먹여 키워야 하는 걸까?

　이 이야기를 실행력의 관점으로 치환해보면, 여기서 먹이는 '작은 성취'가 된다.

작은 성취의 나비효과

나는 군 제대 후 '1년에 2개의 자격증 따기'라는 목표를 정한 적이 있다. 그러나 자격증을 취득해본 적이 없었기 때문에 무슨 자격증을 취득하고, 어디서부터 공부를 시작해야 할지 감도 오지 않았다. 그래서 성공한 사람들에게서 방법을 찾기로 했다. 성공한 사람들의 삶도 거슬러 올라가 보면 나처럼 평범한 시작점이 어딘가 있기 때문이다. 결국 그들이 어떻게 공부를 시작했는지 찾아내서 따라 하기로 했다.

다음과 네이버에 관련 자격증 카페에 가입한 후 합격후기란을 찾아보며 그들의 방법을 모방해 실행하려고 노력했다. '하루 2시간 공부'라는 목표를 정하고, 첫 번째 할 일은 기본서를 빠르게 1회독하는 것이었다. 그 후에 지금까지 출제되었던 기출문제들을 기본서에 체크해가며 공부했다. 기출문제 20회까지 이런 식으로 체크하다 보니 어떤 내용이 시험에 자주 출제되는지 한눈에 확인할 수 있었다. 시험에 합격한 사람들의 대다수가 그런 방법으로 공부했다고 하니 그대로 믿고 따른 것이다. 시간이 지날수록 시험 점수는 올라갔고, 3개월이 채 안 돼서 치른 정보처리산업기사와 사무자동화산업기사 자격증 시험에서 합격의 기쁨을 만

낄할 수 있었다.

이후 고수들의 방법은 죄다 따라 했다. 부동산과 재테크를 공부할 때도 마찬가지였다. 고수들이 하나같이 강조하는 것처럼, 발품을 팔며 부지런히 임장을 다녔다.

한번은 우연한 기회에 함께 자리하게 된 어느 수학 교사가 이런 질문을 했다.

"수포자가 많은 이유를 아세요?"

"어려우니까 그렇겠죠?"

수학이라고는 제대로 공부해본 적 없는 내 입에서 나올 만한 뻔한 답변이다. 그런데 역시 수학 교사의 답변은 달랐다.

"학원이든 학교든 지금의 수업 방식은 머리 좋은 아이들만 따라갈 수 있도록 구성되어 있어요. 열에 아홉은 도태되는 게 너무 당연한 교수법이죠. 초등학교 저학년 때부터 일부 학생들은 수포자기미를 보이기 시작해요. 초등학교 고학년이 되면 일부는 탈락하죠. 중학교에 가면 단층이 나타나요. 고등학교로 가면 생존자 찾기가 별 따기예요."

수학 교사는 큼직한 계단을 그렸다.

"지금 학교 수업 방식이 이래요. 키 작은 아이들은 도저히 올라갈 수 없는 계단이죠."

그런 뒤 수학 교사는 큼직한 계단 안에 작은 계단을 그리기 시작했다.

"그런데 이렇게 낮은 계단으로 바꾸어주면 웬만한 아이들은 다 올라갈 수 있어요. 학교 수업을 지금처럼 떨어뜨리기 위한 방식이 아니라 낮은 계단식 수업으로 바꾸어주어야 해요."

나는 그의 이야기를 듣다가 무릎을 치고 말았다. 감당할 만한 수준으로 잘게 쪼개어 조금씩 올라가기. 이 스몰 스텝small step에 대해서 너무도 잘 알고 있었다. 내가 실행해온 모든 일들이 다 스몰 스텝이었기 때문이다.

하루에 두 시간 영어 듣기, 하루에 세 시간 부동산 임장을 다니며 공인중개사와 대화하기, 기록할 때 한자 쓰기, 새벽 4시 30분에 일어나기, 감사 일기 쓰기, 매일 블로그에 글 하나씩 올리기, 하루 일과 쓰기 등. 하나하나 따져보면 작은 일이었지만 매일 이것들을 실행에 옮기기란 쉽지 않았다. 그러나 훗날 이 방법들이 큰 성공으로 가는 '작은 성취'임을 알게 되었다.

어릴 적 소꿉놀이가 뭔지 모르고 자라다가 나이 들어 하는 소꿉놀이에 푹 빠진 사람처럼, 나는 중고등학교 시절에나 했을 법한 작은 공부들에 푹 빠져서 창피한 줄도 모르고 매일 기록하고 한자를 적고 책을 읽었다.

나는 내가 뱁새임을 빨리 인정하고 굳이 처음부터 황새를 따라 갈 생각은 하지 않았다. 뱁새가 황새 따라가다 가랑이 찢어지듯, 내 분수도 모르고 욕심 부리다 중간에 포기할까 싶어서였다. 게다가 감당하지도 못할 많은 일을 매일 해낼 자신이 없었다.

스몰 스텝이란 내 다리 길이에 맞는 걸음을 의미한다. 내가 감당할 수 있는 만큼의 보폭이어야 발을 내디딜 때 질리거나 지치지 않고 계속해서 걸어갈 수 있다.

애플의 공동 창업자인 스티브 잡스는 스탠퍼드대학교의 졸업식 연설에서 이렇게 말했다.

"앞만 내다보고 점과 점을 연결할 수는 없다. 다만 나중에 지난날을 되돌아보며 연결할 수 있을 뿐이다. 그렇기 때문에 언젠가 미래에는 각각의 점이 어떻게든 이어진다는 사실을 믿어야 한다. 나는 이런 생각을 버린 적이 없고 그게 내 인생을 바꿔놓았다."

아이디어 하나하나를 놓치지 않고 메모하길 즐기던 그는 아이디어 간의 연결고리를 만들어서 혁신적인 기술과 아름다운 디자인을 선보여왔다. 아주 작은 것부터 시작해서 큰 목표를 이루는 과정을 수없이 반복했던 그였기에, 하늘에서 뚝 떨어지는 '영감' 대신 메모를 통해 차곡차곡 쌓은 '아이디어'의 힘을 믿었다. 그리고 그 결과 혁신의 아이콘이 될 수 있었다.

어느 미식축구 팀에서 주전으로 활약하던 쿼터백이 경기 도중 심하게 다쳤다. 안타깝게도 이 팀은 선수층이 얇았다. 감독은 한숨을 쉬며 후보자 명단을 들여다보았다. 교체 가능한 선수라곤 아직 프로 무대에서 한 번도 뛴 적 없는 새파란 후보 선수밖에 없었다. 감독이 그 신인 선수를 불렀다.

"이봐, 쿼터백 자리에 들어간다고 생각하지 마. 너는 그저 단거리 패스 요원이라고 생각해야 해."

"네."

"아니, 잘 들어. 긴장하지 말라고. 너는 쿼터백 자리에 들어가지만 쿼터백이 아니야. 무조건 짧은 패스만 해. 절대 멀리 던지지 마."

감독이 여러 차례 강조해서 이야기하자 후보 선수는 비로소 긴장에서 벗어나 감독의 말을 알아들었다. 감독이 짧은 패스를 강조한 이유는, 큰 무대에 처음 서는 젊은 선수가 행여나 장거리 패스를 하다가 실패하게 되면 자신감이 뚝 떨어져 기가 죽을지도 모른다고 여겼기 때문이다. 대신 짧은 패스는 상대적으로 성공 확률이 높기 때문에 신인 선수의 자신감을 높여줄 터였다. 이 이야기는 미국 미시간대학교 칼 와익 교수의 '작은 승리 전략'Small

Wins Strategy을 설명할 때 빠지지 않고 등장하는 에피소드다.

작은 목표를 세워 꾸준한 실행으로 목표했던 자격증을 취득한 것처럼, 욕심내지 않고 내가 지금 할 수 있는 것부터 시작해보기 바란다.

작은 성취의 기쁨을 알게 된다

누구인지 잊었지만, 그가 던진 질문은 여전히 목에 가시처럼 남아 있다.

"도대체 한자 외워서 어디에 써먹게요?"

한자 공부 열심히 해서 3급, 2급 자격증을 땄다고 하면 보통은 대견하다거나 대단하다는 덕담을 건네준다. 그런데 그의 돌직구에 순간 말문이 막혀 쥐구멍이라도 찾고 싶었다.

맞다. 도대체 이 작은 도전과 성취들은 내게 무슨 의미가 있는 것일까? 영어 단어 몇 개 더 알게 된 것이 내 인생에 어떤 도움을 주고, 한 권의 책을 더 읽은 것은 또 어떤 의미가 있는가?

  늑대 이야기로 돌아가 보자.

  좋은 생각을 습관화한다고 해서 마음속에 사는 늑대가 싸움에서 이기는 건 아니다. 만일 생각만으로 모든 게 가능하다면 우리는 누워서도 인생 역전을 이룰 수 있다. 그러나 안타깝게도 이건 반쪽짜리 진실이다. 생각만 하는 게 아니라 몸으로 움직이며 얻은 성취야말로 늑대를 성장시키는 최고의 먹잇감이다.

  이걸 이해하기 위해서는 뇌의 특성을 알아야 한다. 체로키 인디언 이야기에서 늑대는 마음을 형상화한 것이었으나 오늘날로 바꿔 말하면 결국 뇌를 의미한다. 즉, 늑대에게 먹이를 준다는 말은 뇌에 먹이를 준다는 뜻이다. 그렇다면 우리 뇌는 어떻게 먹이를 받아먹으며 성장할까?

  예전에 살던 동네는 개발이 덜 된 곳이었다. 낡은 집들이 어깨를 마주하고 늘어서 있고, 좁디좁은 샛길도 많았다. 그 동네에는 산과 인접한 공원이 있었다. 원래는 산길로 이어진 좁은 통로였던 것 같은데, 사람들이 자꾸 다니다 보니 수풀이 줄어들고 두 명 정도가 나란히 걸어갈 만한 길이 자연스럽게 생긴 것이다.

수십 년에 걸쳐 사람들이 지나다니는 동안 땅은 잘 다져져서 동네 사람들은 꼭 산을 가는 게 아니더라도 그 길을 이용했다. 옆 동네도, 시내도 다 그 길로 다녔다. 그렇게 왕래가 잦다 보니 길에 사람들이 모일 만한 공간이 생겼다. 어느 날부터는 벤치가 놓이고 운동기구가 들어서더니 사람들이 모이는 조그마한 공원이 되었다. 얼마 후 동네에 신작로가 생기면서 더는 그곳으로 다닐 필요가 없어지기는 했으나 발이 기억하는 대로 걷는 게 익숙했던 어르신들의 발걸음은 늘 그쪽으로 향했다. 나도 생각에 골똘히 잠겨 무심코 그쪽으로 발걸음을 옮겼던 적이 있었다.

뇌의 특성을 공부하다가 문득 그때의 기억이 떠올랐다. 뇌와 무수한 발길이 만들어낸 길 사이에서 공통점을 발견했다. 뇌도 신체를 통해 자극을 주면 마치 사람들이 오래 다녀 길이 생기듯 특정 뇌세포 사이에 길, 즉 시냅스가 생긴다. 자극이 강력하거나 오래 되풀이되면 시냅스는 여러 실타래를 묶은 것처럼 점점 굵어진다. 이렇게 강화된 시냅스는 어떻게 작동할까?

만일 우리가 A라는 글자를 보면서 '알파'라는 단어를 계속 떠올리는 연습을 했다고 하자. 이제 A는 자동으로 '알파'를 연상시키는 단어가 된다. 나아가 B는 '브라보', C는 '찰리'라고 연습하면 이제 우리는 ABC를 볼 때마다 '에이비씨'라고 읽는 것이 아니라 '알파브라보찰리'라고 읽게 된다. 모스 부호를 익힌 사람의 눈에는 '• • •▬▬▬• • •'가 자연스럽게 'SOS' 구조 신호로 읽히듯 말이다. 이건 우리 뇌가 특정 자극에 반복적으로 노출되는 동안 희미하던 길이 뚜렷한 길로 바뀌었기 때문이다.

만일 눈앞에서 누군가 쓰러졌다고 상상해보자. 그 광경을 목격한 우리는 뇌에 새겨진 시냅스에 따라 다음 중 어떻게 반응할지 선택한다. 하나, 뛰어가서 돕는다. 둘, 경찰을 부른다. 셋, 가던 길을 그대로 간다. 처음에 어떻게 움직일지에 대한 답은 뇌가 쥐고 있다. 보다 강력하게 새겨진 시냅스를 따라 우리의 뇌는 어떤 행동을 할지 결정한다.

작게, 더 작게 성공하기

20대 초반까지만 해도 나의 뇌는 패배감을 먹고 자랐다. 뭘 해도 나락으로 떨어진 인생을 다시 일으킬 수는 없을 것이란 체념이 지배했다. 내게 '실패'는 너무나도 익숙한 말이었다. 인생의 항로를 어떻게 바꿔야 할지 막막했다. 하지만 어차피 밑바닥이니 더 이상 잃을 것도 없었다. 나는 한 계단씩 걸어 올라가기로 했다.

- 나는 오늘도 두 글자의 한자를 외우는 데 성공한다.
- 나는 오늘도 아침 4시 반에 일어나는 데 성공한다.
- 나는 오늘도 책 한 권을 읽는 데 성공한다.
- 나는 오늘도 책 한 권을 읽고 밑줄 친 노하우를 실천하는 데 성공한다.
- 나는 오늘도 하루 동안 벌어진 일들을 노트에 정리하는 데 성공한다.

백 마디의 말보다 한 번의 실행이 중요하다. 눈앞의 작은 것부터 실행하면서, 작은 일에도 '성공'이란 이름을 붙였다. 하루 하나씩 실행할수록 '작은 성취'가 하나씩 쌓여갔다. 이렇게 작은 성취만으로도 성공 경험은 나의 뇌리에 축적된다. 그리고 성공 경험이 쌓일수록 무엇이든 성공할 수 있으리라는 믿음을 갖게 된다.

나의 뇌가 도전을 성공으로 인식하게 되면서, 성공 늑대는 힘을 비축하며 쑥쑥 성장해갔다. 덕분에 나의 뇌는 작은 성취를 먹이 삼아 성장할 수 있었다.

"도대체 한자 외워서 어디에 써먹게요?"

이제 그 의구심에 답을 할 차례다. 물론 그가 던진 질문이 어떤 의미인지 나는 안다. 시험을 앞두고 외우는 영어 단어는 1~2점의 점수 차이를 내면서 합격과 불합격을 가를 수 있는 요인이 된다. 반면 한자는 대입이나 취업과 같은 관문에서 큰 도움이 안 된다는 생각에 그렇게 물어봤을 것이다. 하지만 나는 한자를 외워서 신문을 읽으며 지식을 쌓는 행복을 느꼈다. 게다가 한자는 한 글자 한 글자 뜻을 이해해야 하는 언어인 만큼, 생각하는 힘을 길러줬다.

우리는 인생의 성공을 남들이 보기에 그럴싸하고 거창한 무언가를 이룬 것으로 규정하는 경향이 있다. 좋은 대학을 나와야 하고, 대기업에 다녀야 하고, 남부럽지 않은 조건의 배우자를 만나야 하고, 좋은 집 한 채쯤 가져야 하고, 자녀 둘, 셋쯤 낳을 수 있을 만큼 경제력이 뒷받침되어야 하고, 노후 걱정 없이 살아야 한다고 말이다.

이런 기준에서 보면 "오늘의 한자 공부가 내일의 좋은 직장을 위해 무슨 소용이 있을까?", "오늘의 책 한 권이 내일의 집 한 채를 장만하기 위해 무슨 소용이 있을까?", "오늘 4시 30분 기상이

자녀 둘의 든든한 경제적 후원자가 되는 데 무슨 소용이 있을까?"라는 의문이 들 수밖에 없다.

이쯤에서 질문을 바꿔보자. 그렇다면 무엇이 내일의 좋은 직장을 위해 소용이 있을까? 도대체 어떤 것이 내일의 집 한 채를 장만하기 위해 소용이 있을까? 주식인가? 비트코인인가? 스펙인가?

성공의 기준을 거창한 차원에서 생각하지 말자. 10년 뒤, 20년 뒤에 어떻게 살고 싶은지 꿈꾸는가? 오히려 너무 먼 미래 같아서 지금 내가 하는 작은 일들이 보잘 것 없게 느껴질 수도 있다. 그리고 그렇게 욕심을 내다 보면 인생 역전을 이룰 '한 방'을 노리게 된다. 그런 희박한 가능성에 인생을 거는 것보다 인생의 문제들 앞에서 고개를 숙이지 않을 만큼 당당하고 긍정적인 뇌를 만드는 게 우선이다.

한비자는 이렇게 말했다.

"양자강이나 넓은 바다는 작은 시냇물도 버리지 않았기 때문에 저토록 넉넉해진 것이다."

사소하고 작은 것이 모여 큰 것을 이룬다. 때로는 작은 것 때문에 큰일을 그르칠 수 있다. 그러므로 위대한 성과는 결코 우연히 나타나지 않는다. 당장 오늘 작은 성취를 어떻게 쌓느냐에 따라 우리의 미래는 완전히 달라진다. 어제보다 더 나은 오늘을 위해, 지금 당장 할 수 있는 작은 일부터 시작하자.

긍정적인 뇌를
얻게 된다

제대 후 나는 체육 교사가 되겠다는 목표로 편입을 준비하며 운동에 매진했다. 매달릴 건 운동밖에 없다고 생각해서 1년 동안 미친 듯이 운동에 전념했다. 그러나 인대가 끊어지는 줄도 모르고 무리하다가 몸이 상하고 말았다. 회복이 가능한지 묻자 의사는 고개를 저었다. 예상치 못한 이 상황을 도저히 받아들일 수가 없었다. 믿을 건 몸밖에 없었는데 몸이 망가져버리니 정신까지 무너지는 것 같았다. 몇 개월이 지나도록 집에 처박혀서 밖으로 나가지 않았다.

'원래 가진 게 없었으니 괜찮아.' 그렇게 스스로 위로하려고 했지만 다친 마음은 좀처럼 나아지질 않았다. 내 인생에서 몸은 '실패하지 않은' 유일한 자산이었기 때문이다. 머리? 그건 중고등학교 시절에 일씨감치 포기한 부분이었다. 그러나 몸이 망가진 날, 처음으로 절망을 경험했다. 공부하다 실패한 것이라면 자연스럽게 받아들였을지도 모른다. 그러나 몸은 달랐다. 그때까지 그나마 내게 성취감을 맛보도록 해준 건 몸뿐이었다.

실패에 직면했을 때 사람들이 보이는 첫 반응은 절망감이다. 그러나 그다음 반응은 두 부류로 나뉜다. 절망감이 지속되거나 확대되는 부류, 절망감이 차츰 감소하며 그것을 극복하는 부류다.
그때의 나는 전자에 속했다. 몸이 망가지면서 낙오자가 된 기분이었다. 절망감을 극복하지 못하고, 눈앞의 실패에 완전히 무기력해졌다.

뇌를 훈련시키는 법

사람 좋아하는 내가 몇 달째 방구석에 처박혀 지내자 친구가 찾아왔다. 내가 어떻게 살아왔는지 잘 알고 있는 몇 안 되는 친구 중 하나였다.

그는 방치된 창고처럼 어질러진 방에 들어와서는 늘 앉던 자리에 앉았다. 책상에는 빈 음료수병과 먼지 덮인 잡동사니가 널려 있고, 바닥에는 옷가지가 널브러져 있었다.

그는 바닥에 뒹굴던 책 한 권을 집더니 앞쪽을 펼쳐서 읽는 시늉을 했다. 나는 고개를 돌렸다. 책이 다 무슨 소용인가 싶어서였다. 그는 한참 동안 책에 머리를 묻었다. 일부러 그러는 것 같았다. 잠시 후 그가 자리에서 일어서더니 창문을 활짝 열었다. 햇살이 쏟아져 들어왔다.

"애들이 네 소식 궁금해한다."

나는 대꾸하지 않았다.

그는 나를 등진 채 책상 위로 손을 뻗었다. 그리고 책을 한 권씩 들더니 그 위에 수북이 쌓인 먼지를 손으로 털어냈다. 열 권 정도 되는 책을 조심스러운 손길로 한 권씩 닦아서 책상 한쪽에 차곡차곡 쌓았다. 그가 책 한 권을 털 때마다 햇살을 받은 먼지가 뿌옇게 일었다. 그렇게 한 권의 책과 먼지 한 줌의 부유가 교차했다.

"뭐 하냐?"

나는 날카롭게 쏘아댔다. 그는 마지막 책까지 먼지를 다 털고 말끔하게 책상 한쪽에 포개 놓고는 나를 바라보았다.

"폐인처럼 살지 말자."

"뭐?"

그가 씩 웃었다.

"아까 그 책에 적혀 있더라. 네가 적은 것 같던데."

군대에서 읽었던 책일까? 내가 그런 문구를 적은 적이 있던가? 녀석이 내 얼굴을 들여다보았다.

"근용아, 나보고 책 좀 읽으라던 네가 그립다. 너, 그때 나한테 뭐라고 했는지 알아? 인생의 방향을 바꾸려면 안 가봤던 길로 걸어보라고 했잖아?"

먼지가 내려앉은 바닥을 내려다보았다.

"이러고 있지 마라. 너답지 않다. 네 말마따나 분명 다른 길이 있을 거야."

그날 그는 내 인생에서 가장 묵중한 말을 남기고 집을 나섰다.

나는 그가 떠난 방에 홀로 남겨진 채 그의 손길이 닿았던 책들을 물끄러미 바라보았다. 한 권의 책에 들인 시간을 생각했다. 한 권 한 권의 책에서 익히려고 했던 문장들을 떠올렸다. 그러자 나의 기억 속에 잠재되어 있던 좋은 글귀들이 그물에 걸린 물고기처럼 하나씩 올라왔다. 그 문장들을 만날 때마다 나는 무슨 귀한 보석이라도 발견한 듯이 밑줄을 긋고, 옮겨 적었었다. 그렇게 매일 목표로 삼은 분량을 다 읽으면서 얼마나 기뻐했던가.

성공 경험이 다시 떠오른 건 바로 그때였다. 나는 그 기억을 붙잡았다. 즐거웠던 기억들을 다시 이어 붙이기 위해 그의 손이 닿았던 책들과 책꽂이에 꽂혀 있던 다른 책들을 계속 넘겨 보았다. 그곳에 숨어 있는 '다른 길'을 만나고 싶었다. 아침에 눈을 뜨면 찾아오던 불행과 좌절감을 떨쳐내기 위해 씩 웃어주던 그의 얼굴을 떠올리고, 예전의 독서 이력을 생각하며 다시 책을 들었다. 그렇게 과거의 성공 경험이 가슴을 채우기 시작했다. 그리고 며칠 후에는 '할 수 있다'는 생각이 가슴속 밑바닥에서부터 강렬하게 올라오는 것을 느꼈다. 다시 몸이 근질거리기 시작했다.

어떤 사람들은 '성공 스토리를 쓰는 사람들은 타고나는 것이다'라고 말하고는 한다. 그러나 나는 상황을 대하는 태도의 차이를 태생적 차이로 돌리지 않는다. 그건 철저히 뇌에 새겨진 '경험의 차이'에서 비롯된다. 누구라도 작은 성공의 기억을 매일 만들어낼 수 있다면 긍정적인 뇌로 바뀔 수 있다.

나는 이를 '긍정적 뇌 만들기'라고 부른다. 우울한 노래를 부르는 가수 중에는 자살한 사람이 많다는 통계가 있다고 한다. 그들은 우울한 노래를 반복해서 부르는 동안, 그 노래의 어두운 분위기에 영혼마저 잠식당한 게 아닐까? 반면, 성공 경험의 반복으로 긍정적 뇌를 갖게 된 사람들은 실패를 과정의 하나로 인식하는 경향이 있다. 그들에게 실패란 지름길을 찾지 못해 옆으로 돌아가는 과정일 뿐이지 포기나 낙오를 의미하지 않는다. 그래서 긍정의 빛에 의지하여 성공으로 가는 길을 다시 찾아낸다.

나는 무언 퍼포먼스 〈난타〉로 세계 시장을 두드렸던 기획자 송승환을 긍정적 뇌 회로의 소유자라고 생각한다. 그는 "외국으로 진출하는 일이 힘들지 않았습니까?"라는 기자들의 질문이 늘 곤혹스러웠다고 한다. 기자들로서는 한국의 창작 공연이 뉴욕을 강타하기까지의 도전 과정이 쉽지 않았을 거라고 추측했던 모양이다. 그러나 송승환은 도전 자체에 의미가 있었고, 그 과정이 재미있었기 때문에 딱히 힘든 줄 몰랐다고 한다. 국내 연예계에서 잔뼈가 굵은 그는 문화공연계에서 수많은 성공과 실패를 경험했고, 그 과정에서 길을 찾아 돌파하는 자신만의 방법을 터득했으리라. 그것은 도전을 즐기며 과정에 의미를 부여하고, 실패를 성공으로 가는 또 다른 길이라 여기는 것 아니었을까.

1일 1행을 시작하면 매일 성공 경험이 쌓일 수밖에 없다. 그 작은 성공으로 하루하루를 채워가면, 당신도 긍정적인 뇌를 가질 수 있다.

기회의 문이
열린다

행동심리학자 스키너는 행동주의 이론을 통해, 보상이 인간의 행동 형성에 큰 영향을 미친다고 했다. 어떤 일을 할 때 긍정적인 강화로 보상하면 더 열심히 해낸다는 것이다. 물질적 보상이든 심리적 보상이든, 인간은 보상 없이는 쉽게 움직이지 않는다.

우리는 여러 가지 핑계를 대며 쉽게 게을러지고, 실패를 지나치게 두려워해서 시도조차 하지 않기도 하며, 때로 자신을 믿지 않아 해내지 못할 때도 있다. 그래서 해내기 힘든 일을 했을 때일수록 작은 보상은 큰 힘이 된다. 크고 작은 보상들은 하기 싫은 일을 바로 실행할 수 있도록 내적 동기를 강화하기 때문이다. 그리고 그 보상은 얼마든지 스스로에게 줄 수 있다.

만일 30일 동안 '하루 20쪽씩 책 읽기'에 도전해서 성공했다면 다음 네 가지 보기 가운데 가장 좋은 보상은 무엇일까?

- 돈 30만 원을 마음껏 쓰기
- 1주일간 마음껏 놀기
- 잘했다고 스스로 칭찬하기
- 그동안 읽은 책의 분량이 몇 쪽인지 세어보기

스키너의 이론에 따르면 정답은 '사람에 따라 다르다'이다. 그런데 사람들은 마지막 네 번째 보상책을 정당한 보상처럼 보지 않는다. 우리는 자신의 행동을 돌아보는 것을 보상으로 여기지 않는 경향이 있다. 그러나 놀랍게도 우리 뇌는 성공 경험을 기억하는 행위 자체도 보상으로 받아들인다.

과거의 성공 경험을 지금 당장 떠올려보자. 마음이 흐뭇해지지 않는가? 자신감이 생기지 않는가? 핵심은 보상을 얻는 것 자체에 있는 게 아니라 보상을 통해서 실행을 강화하는 데 있다.

나는 '작은 성취'가 진짜 힘을 길러주는 가장 큰 이유를 바로 마지막 네 번째 보상책에서 찾는다. 군대에 있을 때부터 나는 그날 내가 했던 도전을 생각해보고 노트에 정리하는 습관을 들였다. 노트 정리는 군대에서 수양록을 쓰도록 했기 때문에 시작했던 것인데, 이게 제법 흐뭇함을 안겨주었다. 하루를 정리하며 한자를 몇 글자 외웠는지, 무슨 책을 몇 페이지부터 몇 페이지까지 읽었는지 적다 보면 참 뿌듯했다.

때로는 아무것도 하지 않고 하루를 그냥 마감할 때도 있었다. 그러면 하루를 마무리할 때 아무것도 적을 게 없음을 알고는 마음이 무거워졌다. 오늘을 나태하게 보낸 것 같아서 화도 나는 동시에 불안감이 밀려왔다.

잠자리에 들기 전, 노트에 오늘의 작은 성취를 기록하는 습관을 들여보자. 그 과정을 통해 자연스럽게 하루를 매듭 짓게 된다. 매듭은 실행하는 데 있어 정말 중요한 역할을 한다. 매듭을 짓지 않으면 마음이 개운치 못하고, 내일 일정에도 영향을 끼치기 때문이다. 무엇보다 작은 도전들을 명확하게 정리하는 일은 그 자체로 보상이 된다.

설령 그날의 성취가 목표치만큼 달성되지 않았더라도 매듭을 잘 지어주면 유사한 효과를 거둘 수 있다. 다만 오늘 마무리하지 못한 일은 내일의 부담을 가중시키기 때문에 자꾸만 목표 달성을 늦추는 것은 바람직하지 않다. 어쩌면 이런 이유 때문에 더더욱 작은 성취가 중요한지도 모른다.

내 인생을 바꾸기로 마음먹은 후 나는 '하루'라는 단어를 '작은 성취'의 단위로 생각하게 되었다. 작은 성취란 매일의 도전과 매일의 매듭짓기라는 요소로 이루어져 있기 때문이다.

설령 궁극적 목표 자체가 1년 뒤 혹은 3년 뒤에 이루어지는 것이라 해도 상관없다. 아무리 장기적인 목표라도 하루라는 실행 단위를 성공적으로 보내야 한다. 내가 계획만 잘 세웠다면 1년 뒤의 일을 지금 걱정할 필요는 없다. 오늘 할 일만을 생각하고 그 일에 집중하면서 하루하루를 보내면 결국은 1년 뒤의 목표에 도달할 것이기 때문이다. 대신 오늘의 도전과 매듭짓기를 한 세트로 묶어서 생각하는 게 중요하다.

제4장

누구나 할 수 있는
1일 1행 습관

내게 주어진 시간을 내가 지배하지 못하면
누군가 나의 시간을 지배하려 한다.

1일 1행
독서 습관 만들기

내 인생 첫 책은 《가시고기》였다. 왜 하필 그 책이었냐고? 무슨 책부터 읽어야 할지 감도 오지 않았을 뿐만 아니라 군대라는 공간에는 책도 별로 없었다. 그때만 해도 내가 몸담고 있던 중대에는 딱히 도서관이라고 할 만한 곳이 없었고, 왕래가 잦은 곳에 놓여 있던 작은 책장 몇 개가 전부였다. 책을 관리하는 사병도 따로 없어서 누가 빌려갔는지, 누가 기증했는지 알 길이 없는 상태로 200~300권 정도의 책이 방치된 채 꽂혀 있었다. 일부는 딱 봐도 전혀 끌리지 않는 제목의 책들이었고, 일부는 너무 낡아서 손이 가지 않는 책이었다. 그나마 《가시고기》는 손을 뻗으면 잡을 수 있는 가장 가까운 곳에 놓인 몇 권의 책 가운데 하나였다. 그리고 제목이나 표지가 왠지 끌렸다. 그러나 결과적으로 이 책은 '책을 처음으로 완독했나'는 기쁨 외에 내게 별다른 감흥을 안겨주지 못했다.

무엇을 배울 것인가

나는 두 번째 책으로 자기계발서를 골랐다. 김규환 명장의 《어머니 저는 해냈어요》라는 책이었다. 부모를 잃고 어린 여동생과 단둘이 남겨진 저자는 악조건 속에서도 희망을 놓지 않고 노력하여 '명장'이라는 기술자 최고의 타이틀을 얻었다. 어려움을 극복해서 성공한 사람의 스토리는 내 삶에 커다란 자극제가 되었다.

책이 익숙하지 않은 나에게는 한 편의 영화 같은 성공 스토리가 담긴 책이 잘 맞았다. 평범한 사람이 어떻게 인생의 혁신을 이루었는지, 저자의 역경과 도전의 과정을 읽으면 설득당했다.

그런 의미에서 롤 모델이 될 법한 인생의 스승을 찾는 것도 중요하다. 닮고 싶은 사람을 정하면 안개에 가려진 듯 막막했던 길이 조금씩 선명해지기 시작한다. 그가 걸었던 길을 따라 걸을 수 있기 때문이다. 무엇보다 롤 모델을 닮아가려 노력하는 과정 자체가 지속적인 자극이 되니, 발전의 선순환을 이룰 수밖에 없다.

롤 모델은 방향을 설정하고 스스로를 격려하는 과정에서 아주 중요한 역할을 한다. 이때 목표한 일과 주어진 상황, 삶의 맥락에 맞게 그때그때 롤 모델을 바꾸는 게 좋다. 마음속에 롤 모델을 정해두는 것만으로도 성장의 견인차 역할을 할 것이다.

나는 356페이지 분량의 책을 읽으면서 김규환 명장을 롤 모델로 삼았고, 그의 성공 방법 중 한 가지를 따라 해보기로 마음먹었다. 김규환 명장은 인생의 중요한 기점이나 위기의 순간마다 먼저 목표를 세우고 도전했다고 한다. 그 말이 어찌나 와 닿았던지 한순간에 나를 사로잡았다. 목표부터 설정하는 그의 태도를 배우고 싶었다.

'그를 따라 해보자. 군대에서 할 수 있는 목표를 세워보자. 제대로 할 때까지 책 100권을 읽어보자. 제대할 때까지 한자 1,800자를 외워보자.'

목표를 세우면 당연히 기간을 설정하게 마련이고, 그에 따라 하루 목표도 세우게 된다. 목표를 역으로 계산해본 후 하루에 '책 다섯 페이지 읽기'와 '한자 두 글자 외우기'를 시작했다. 물론 이건 최소한의 목표였는데, 평일에 확보할 수 있는 시간을 감안한 것이다. 휴일에는 조금 더 시간을 투입할 계획이었다.

1일 1행 관점에서는 성공 스토리가 담긴 자기계발서가 많은 도움이 된다. 타인의 성공 경험을 읽다 보면, 내 안의 부족함을 성찰하게 되고 긍정적인 동기부여가 강하게 일어난다. 그래서 인생역전을 이룬 성공 스토리를 추천한다.

나의 독서는 책을 덮은 순간부터 시작된다. 감동적인 영화를 보면 가슴이 뜨거워져 며칠간 흥분에서 벗어나지 못하는 사람처럼, 읽는 순간의 감동을 현실에서 실행하기 위해 따라 해야 할 일을 찾았다. 저자를 멘토로 삼아 무엇을 배울지 발견하는 것은 당신의 몫이다.

무엇을 따라 할 것인가

그런데 무엇을 따라 해야 할까? 책을 읽다 보면 느낌이 온다. 저자가 해보라고 권하는 게 있다. '해보세요'라고 직접적으로 표현하진 않더라도 '이게 중요하다'는 느낌을 듬뿍 던져주는 문장이 있다. 저자는 자신의 경험담을 통해 뭔가 들려주고자 한다.

그래서 저자는 이런 질문을 가정하고 책을 쓴다.

"선생님은 어떻게 역경을 이겨내고 지금의 자리에 오르셨나요?"

나는 김규환 명장이 '그 어떤 위기에 처하더라도 목표를 세우고 도전해보세요.'라고 대답했다고 느꼈다. 이 메시지는 김규환 명장이 나를 위해 준비한 선물이었다. 책을 읽으면서 가슴에 느낌이 오래 남는 문장이 있거나 뇌리에 박히는 메시지가 있다면, 그게 바로 저자가 당신에게 '따라 하기'를 권하는 것이다.

이 느낌은 제발 부탁하건대, 머리로 찾지 말자. 내용 요약을 잘하는 사람들은 가슴이 아니라 머리로 분석하는 데 능하다. 하지만 '저자의 이야기를 종합하면 주제 A가 제일 중요해'라고 머리로 정리할 게 아니라 가슴의 소리를 듣는 것이 중요하다.

단, 느낌이 오지 않더라도 따라 해야 할 게 있다. 자꾸만 되풀이되는 메시지다. 흥미롭게도 자기계발서는 유사한 메시지를 되풀이하는 경향이 있다. 이걸 어떻게 해석할 것인가는 사람마다 다르겠지만, 나의 경우 배울 작정으로 책을 읽었기 때문에 '중요한 내용이니 되풀이되겠지'라고 이해했다. 그런 메시지는 설령 느낌이 약하더라도 모방하려고 애썼다.

이렇게 저자의 메시지를 모방하면서 내 몸에 장착한 습관들은 다음과 같다.

- 아침 일찍 일어나기
- 긍정 마인드 갖기
- 감사 일기 쓰기
- 목표 만들기
- 답을 내 안에서 찾기

저자가 '답을 내 안에서 찾아보라'고 했다면 실제로 책을 읽은 뒤에 실행에 옮겨보자. 책을 읽는 목적은 사람마다 다를 것이다. 누군가에게는 책 읽기의 목적이 재미일 수 있겠지만, 누군가에게는 당장의 유익일 수도 있다. 나에게 책 읽기의 목적은 즐거움을 누리는 데 있지 않았다. 독서 자체의 즐거움은 부수적인 것일 뿐 자기 혁신에 더욱 관심이 많았다. 그래서 '책이 시키는 대로 직접 해보기'에 목을 맸다.

실행에 도움이 되는 독서법

이처럼 각자의 목표에 따라 그에 맞는 독서 습관은 따로 있다. 잠자리에 들기 전에 수면제와 같은 용도로 책을 읽는 사람에게 독서 습관을 물으면 '다 씻고 난 후 잠옷으로 갈아입고, 무드등이나 작은 조명을 켜두고 침대에서 읽는 것'이라고 대답할 것이다. 일상이 지루해서 견딜 수 없는 사람이라면 무협지나 판타지 등 한번 빠져들면 시간 가는 줄 모르고 단숨에 읽히는 책을 읽으려 할 것이다. 이렇게 '킬링 타임용'으로 독서를 하는 사람이라면 '옆에 과자 한 봉지나 커피 한 잔이 있으면 금상첨화'일 테다. 하지만 내 경우, '인생을 바꾸는 데 도움이 되기 위해서'가 책을 읽는 이유였다. 매일 책을 읽고 실행에 옮기기 위한 나만의 독서법은 네 가지다.

첫째, 하루 독서량을 시간이 아니라 목차로 정한다. 하루에 책을 얼마나 읽어야 할까? '매일 한 시간이나 두 시간 책 읽기'처럼 시간을 기준으로 계획을 세우는 사람들이 은근히 많다. 그러나 책 읽기 목표를 이런 식으로 정하면 여러 가지 문제가 발생한다. 계획된 일정 안에서 책을 '해치우려는 경향'이 생긴다. 완독이 목표가 되고, 책 내용은 뒷전이 되는 경우가 많다.

책마다 흐름이라는 게 있다. 그 흐름을 잘 보여주는 게 목차다. 목차는 내용을 어디서 끊어 읽어야 하는지 알려주는 나침반이다. 이걸 무시하면 중간에 흐름이 툭 끊긴다. 이 문제는 다음 날 책을 읽을 때 더 뚜렷해진다. 어제 읽다가 멈춘 곳에서부터 오늘 다시 책을 읽으려고 할 때, 중간부터 시작해서 바로 흐름을 타지 못하기 때문이다. 앞뒤로 다시 읽어보며 어떤 맥락이었는지 살피는 것부터 해야 한다. 어쩌면 해당 꼭지나 장의 첫 부분부터 다시 읽어야 할 수도 있다.

책을 읽었는데 남는 게 없다는 사람들이 많다. 나 역시 그런 시행착오를 거쳤다. 이런 실수를 최소화하기 위해서는 내용 중심, 목차 중심의 독서 습관을 만들어야 한다.

둘째, 책을 입체적으로 읽는다. 한 권의 책이라도 허투루 읽지 않으려면 오감을 최대한 활용해야 한다. 즉, 눈으로만 읽는 게 아니라 손으로 같이 읽는 것이다. 밑줄 긋는 건 기본이고, 색깔을 칠하기도 한다. 책 여백에 메모하는 것도 잊지 않는다.

손으로 읽으려면 펜이 필요하다. 밑줄, 색깔, 여백 메모, 이 세 가지 상황에서 펜을 쓴다. 각각의 목적에 맞는 펜을 따로 마련하는 건 문구의 세계를 발견하는 즐거움을 안겨주기도 한다. 색색의 형광펜을 쓰고, 굵은 펜으로 밑줄도 긋고, 가느다란 펜촉의 감각을 느끼며 자신의 생각도 적어보면서 단조로운 책 읽기를 다양한 활동으로 바꾼다.

나는 밑줄을 비교적 후하게 치는 편이다. 밑줄은 독서에 집중하는 데 큰 도움을 준다. 마치 저자의 머릿속에 들어갔다 나온 것처럼 책과의 거리감을 좁혀주기도 한다. 뿐만 아니라 공부하는 느낌도 준다.

색깔은 여러 가지를 쓰는데, 책이 알록달록해지는 걸 별로 거부하지 않는다. 기억하고 싶거나 기록으로 남기고 싶은 내용에 색깔을 칠하면 나중에 그 부분만 보고도 핵심 요약이 가능하다. 색깔 칠하기는 시각을 환기시켜주는 효과도 있다. 빨간색은 이해하기 힘든 부분, 파란색은 무릎을 치게 만든 부분 등으로 구분해서 사용하면 더 효율적이다.

여백에 메모하기는 중요한 과정이다. 여백에 '나의 생각'을 적는다. 책을 읽다 보면 질문이 떠오르거나 아이디어가 스쳐갈 때가 많다. 그 생각들을 붙잡아서 쓰는 것이다. 이 과정은 자체로 책 쓰기, 블로그 글쓰기 등 아웃풋을 위한 준비 단계가 된다. 파편적인 단어만 나열할 때도 있고 길어야 한두 문장에 불과한 경우가 대부분일 것이다. 그래도 키워드를 뽑고 문장 형태로 만드는 과정을 통해 자기 생각을 논리적으로 끄집어낼 수 있다.

책 읽기를 시작한 날짜나 다 읽은 날짜를 적는 것도 좋은 방법이다. 날짜를 기록하는 건, 그 자체로 한 권의 책을 읽었다는 뿌듯함을 준다. 15년 넘도록 독서를 하다 보니 또 다른 효용도 발견할 수 있었다. 예전에 읽었던 책을 다시 들춰 보며 그동안 내 생각이 어떻게 변했는지 확인하는 데 큰 도움이 된 것이다. 나의 성장을 확인하는 일이기도 해서 동기부여가 될 뿐 아니라, 그걸 보면서 생각을 한층 더 발전시킬 수 있다.

이렇게 책을 읽으면서 요약이든 질문이든 아이디어든 생각을 정리하면 책의 정보가 온전히 흡수된다.

셋째, 책을 책상 위에 늘어놓는다. 나는 책장파가 아니다. 다 읽은 책도 책상 위에 깔아둔다. 전에는 차곡차곡 꽂아두고 정리하려고 노력했는데, 그게 좋은 습관이 아님을 깨달았다. 책꽂이에 반듯하게 꽂아두는 것 자체는 문제가 아니다. 내 마음에서 그 책이 완전히 사라지는 게 문제다. 책은 가까이 있어야 계속 기억을 상기시키고, 그렇게 상기되는 가운데 장기기억으로 저장된다. 책이 여기저기 놓여 있으면 되풀이해서 그 책의 제목을 읽게 되고, 그러면 책 내용을 자주 떠올리게 된다. 책 내용을 다시 보는 게 여의치 않다면, 하다못해 책 제목과 저자 이름을 다시 확인하면서 외우는 시간이라도 가져보자. 만일 제목과 이름만이라도 기억하

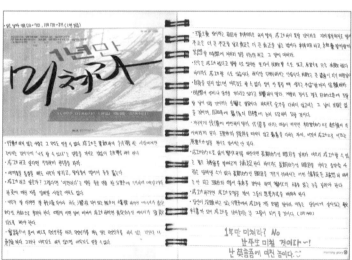

책의 여백을 어떻게 활용하느냐에 따라 책의 정보를 더 온전히 흡수할 수 있다.

고 있다면 신문이나 다른 매체 등에서 그 이름을 만나면 바로 알아볼 수 있다. 그러면 관심이 가게 되고, 확장된 학습과 정보 습득이 가능해진다.

넷째, 책을 읽고 난 뒤에는 간단하게라도 감상문을 적는다. 독서 일기도 좋다. 독서법을 다룬 수많은 책들이 독서 후기를 권하고 있다. 읽은 책을 자신의 것으로 만들기 위해서라고 말하는 사람도 있고, 자신이 얼마나 이해하고 있는지 확인하기 위한 과정이라고 말하는 사람도 있다. 여기에서 한 걸음 더 나아가 책 너머, '자신의 것을 만드는 과정'이라고 이야기하는 사람도 있다. 독서 후의 감상문은 분명 체화와 연관이 깊다. 길이는 상관없다. 독서 일기를 위한 노트를 굳이 따로 만들 필요도 없다. 다이어리가 있다면 거기에 간략하게 적어도 좋다. 다시 한 번 말하지만, 1일 1행의 책 읽기는 취미가 아니다. 뭔가 남기려면 그에 합당한 원칙이 필요하다.

아웃풋을 내려면

대나무는 자랄 때 일시적으로 성장을 멈추는 시기가 있다. 그

쉬는 시기가 마디를 만드는데, 마디는 대나무의 다음 성장을 위한 발판이 된다. 드럼통이 세상에 처음 나왔을 때만 해도 음료수 캔처럼 표면이 매끄러웠다고 한다. 그런데 작은 충격에 쉽게 찌그러진 탓에 누군가 대나무에서 힌트를 얻어 마디를 만들었단다. 덕분에 모양은 울퉁불퉁해졌지만 강도는 4배나 세졌다고 한다.

실행에도 '마디'가 필요하다. 실행에 마디를 만들어 넣으면 성장의 발판을 마련하게 된다. 아웃풋을 내려면 레벨을 높일 수 있는 마디 만들기를 시도해야 한다. 아웃풋은 남들에게 들려줄 이야기가 생겼다는 말이다. 그렇게 되면 저자의 도움 없이도 혼자 힘으로 무언가 실행할 수 있다.

그렇다면 아웃풋이 나타나는 시기는 언제쯤일까? '고양이 빌딩'이라는 개인 도서관으로 유명한 일본의 작가 다치바나 다카시는 한 권의 책을 쓰기 위해 최소 500권을 읽는다고 한다. 그에게 500권이란 숫자는 아웃풋을 위한 마디 짓기의 단위가 된다. 그는 자연 과학, 우주, 기술, 국제정치, 예술, 철학, 종교, 뇌 과학, 문명, 신화, 역사 등 다방면의 책을 저술한 것으로 유명하다.

경영학의 대가 피터 드러커는 20대에 프랑크푸르트에서 기자 생활을 시작했다. 그는 다양한 주제를 쓸 수 있는 기자가 되려면 여러 분야의 공부가 필요하다는 생각에, 3~4년마다 주제를 바꿔가며 60년간 공부했다. 그에게는 3~4년이란 시간이 아웃풋을 위한 마디 짓기의 단위였던 셈이다.

다치바나 다카시의 500권이나 피터 드러커의 3년은 하나의 마디를 짓는 단위다. 물론 500권이나 3년으로 해당 분야의 지식을 완전히 습득할 수는 없을 것이다. 하지만 최소한 내가 뭔가 말할 수 있는 수준, 즉 아웃풋을 낼 수 있는 수준이 되었다는 얘기다.

너무 까마득해 보이는가? 그럴 필요 없다. 그들만큼 높이 올라가려는 게 아니라면 500권을 100권으로, 3년을 1년이나 반년으로 줄여도 된다. 중요한 건 숫자를 낮추고 높이는 게 아니라 마디를 짓는 일이다. 스스로 단위를 끊어서 성장의 발판을 만드는 연습을 해보자. 반년이나 1년으로 잡아도 좋고, 50권이나 100권으로 정해도 좋다. 다만 이 한계점을 돌파하기 위해서는 습득한 지식을 밖으로 끄집어낼 수 있다는 확신이 있어야 한다. 그렇게 할 때 당신의 독서는 '레벨업'된다.

나는 1년이라는 마디를 짓고 미친 듯이 책 읽기에 도전해보기로 작정했다. 그래서 '1년간 365권 읽기'라는 계획을 세웠다. 이 계획대로 실행하고 나니 책이 쓰고 싶어졌고 그래서 블로그를 시작하게 되었다.

첫 책《일독일행 독서법》을 쓰고 나자 다음의 마디 짓기는 매우 쉬워졌다. 다시 1년이 안 되어《아들러의 라이프로그 북》을, 또 1년이 안 되어《메모의 힘》을 출간했다. 그리고 여전히 블로그에 포스팅을 하고 있으며, 또다시 이 책을 쓰고 있다.

만일 조금 더 빨리 아웃풋을 알았다면 얼마나 좋았을까. 책을 읽을 때 반드시 아웃풋을 마음에 두도록 해보자. 그러면 전에는 상상만 했던 일들이 실현되는 곳으로 진입할 수 있을 것이다.

1일 1행
공부 습관 만들기

처음 책을 읽겠다고 마음먹은 후 오랫동안 나를 괴롭혔던 것은 '모르는 단어'였다. 중요한 단어가 아니면 무시하고 넘어가거나 문맥에 따라 추측하고 넘어가도 된다. 그러나 핵심을 품고 있는 단어를 모를 때는 좀처럼 진도가 나가지 않아 짜증이 나기도 한다. 주변에 물어서 해결할 때도 있었고 사전을 뒤적이기도 했다. 하지만 언제까지 그렇게 할 수는 없었다. 본질적인 해결책이 필요했다. 바로 '어휘 늘리기'였다.

공부 목적이 무엇인가

모르는 단어 중 상당수는 한자였다. 우리말의 많은 부분이 한자어로 이루어져 있기 때문이다. 내게 어휘를 늘리는 핵심 방법은 한자 공부였다.

한자를 익히면서 책을 읽어가던 어느 날, 처음 보는 어떤 단어가 나타났다. 이게 웬일인가. '혹시 이런 한자, 이런 뜻이 아닐까?' 하고 자연스럽게 그 뜻을 유추해보았다. 사전에서 찾아보니 내가 유추한 의미가 맞았을 때의 그 기쁨이란, 표현할 길이 없다. 까막눈 할머니가 문맹을 탈출하던 순간, 곧장 집에 돌아와 차곡차곡 쌓아두었던 손주 녀석의 편지를 읽을 때의 기쁨에 견줄 수 있을까?

주변에 책이 넘쳐도 읽을 수 없다면 그림의 떡이다. 모르는 단어를 줄여가려는 노력은 내게 독서의 즐거움을 더해주었다. 모든 일이 그렇듯 한계를 돌파하는 게 쉬운 것은 아니지만 그 뒤에 얻게 되는 보상은 실로 돈 주고도 살 수 없는 값진 것이다.

왜 한자를 공부해야 할까? 영어나 일어, 중국어 회화를 배우는 게 더 도움이 되지 않느냐고 주변에서 조언해주었다. 하지만 한자 공부를 하고 난 후 내 삶은 확실히 업그레이드되었다.

첫째, 어휘력이 늘면서 책 읽기의 깊이가 달라졌다. 한자어가 적은 책이 중심이 되는 초보 단계의 독서를 넘어 고전이나 인문 분야를 읽기 시작하면, 어휘부터 다르다. 이때 한자 공부를 통해 어휘력을 늘려두었다면 독서가 한결 수월하다.

둘째, 공부 요령을 터득했다. 내게 필요한 한자 공부는 읽고 쓸 줄 알면 끝이다. 영어처럼 문법을 알아야 할 필요도 없다. 발음 때 문에 스트레스받을 일도 없다. 한문 원전을 보는 게 목표라면 공부 요령이 조금 다를 수 있지만, 나처럼 어휘력 향상을 통한 원활 한 책 읽기를 목표로 삼고 있다면 한자를 읽고 쓰는 수준이면 족하다.

공부는 반드시 목적을 세우고 해야 한다. 만약 영어 회화를 잘 하고 싶다면, 문법을 공부할 게 아니라 구어체에 맞는 표현법을 익히고 발음 공부를 하는 게 순서다. 만약 1인 크리에이터가 되고 싶다면, 촬영 방법과 영상 편집기술을 익히는 순서로 공부해야 한다. 이처럼 필요한 목적에 따라 공부 방법은 달라진다.

하루 공부량을 정하기

　요즘은 어플이 많은 걸 해결해준다. 예전처럼 옥편(한자사전)이나 전자사전을 따로 들고 다닐 필요가 없다. 스마트폰에 설치한 후 하루 목표량을 정하고 외우면 된다. 어플을 내려받으면 대부분 급수별 한자가 나온다. 5급부터 시작해도 좋고, 3급부터 시작해도 좋다.

　그런데 주의할 것이 있다. 공부 여건이 편리해졌다고 해서 공부 원리 자체가 달라진 건 아니다. 처음에는 목표를 작게 잡아 재미를 붙이자. 그후 본격적으로 공부를 시작하면 일정 수준에 이를 때까지는 하루에 한두 시간씩 따로 시간을 할애하는 정성이 필요하다.

　사람에 따라, 여건에 따라 소요되는 시간은 다르다. 나는 시간을 거의 낼 수 없는 군대에서 '하루 두 글자 외우기'라는 소박하고 쉬운 목표를 설정했다. 하다 보니 재미도 붙었고, 그러면서 자연스럽게 학습량도 늘었다. 실제로 하루 두 글자라는 목표는 한 달 뒤에 하루 여섯 글자로 상향 조정되었다.

　내가 한자를 외울 때 적용하는 원칙이 있다. '1초 안에 못 읽으

면 못 외운 것이다.' 예컨대 다음과 같은 한자가 연달아 나온다고
하자.

家價可加假歌街

한자를 보고 억지로 떠올리지 않고 자연스럽게 '집 가', '값 가',
'옳을 가', '더할 가', '거짓 가', '노래 가', '거리 가' 하고 입에서 흘
러나오면 다 외운 것이다. 만일 바로 튀어나오지 않으면 그 단어
는 '아직 못 외운 것'으로 분류해 암기장에 옮겨두고 다시 외워야
한다.

그렇다면 언제까지 하루 한두 시간을 투자해야 하는 걸까? 최
소 3급까지는 매일 시간을 투자해 공부하는 게 좋다. 이 정도 수
준이 되면 한자 1,800자는 거뜬히 알게 된다. 참고로 각 급수마다
외워야 할 필수 한자가 정해져 있다. 5급은 500자, 4급은 1,000자,
3급은 1,800자다. 특히 3급 1,800자가 중요한 이유는 교육부에
서 필수 한자로 정한 게 1,800자이기 때문이다. 달리 말하면, 이
정도만 알면 공공기관에서 사용하는 웬만한 한자는 다 읽을 수
있다는 말이다.

다시 나의 1일 1행 공부법으로 돌아가 핵심 내용을 정리하면 다음과 같다.

- 한자 공부 어플 다운로드하기
- 하루 한두 시간 정해진 시간에 외우기
- 보고 1초 안에 뜻과 음이 나오지 않으면 암기장으로 이동시키기
- 못 외운 한자 다시 외우기
- 최소 3급(1,800자) 수준이 될 때까지 이 과정 반복하기

처음 하루 공부 분량을 정할 때 소박하게 시작하자. 목표를 무리해서 잡으면 하루 분량을 채우지 못하고 미루게 되는데, 그러면 전체 계획이 틀어진다. 그러니 무리되지 않는 분량을 정하고 매일 성취감을 느끼며 꾸준히 공부하도록 하자.

공부 전략을 세우기

한자 검정 2급은 단단히 작심하고 도전하면 한 달 만에 따는 경

우도 있다. 그런데 문제가 있다. 2급을 따고 난 뒤 한 달만 쉬면 다 까먹는다는 사실이다. 나도 이런 상황에 부딪혔기에 몇 가지 대안을 찾았다.

2급까지 땄나면 이제 공부 목표가 달라진다. 어느 정도 읽는 것은 되지만 그렇다고 내 머리에 자연스럽게 장착된 것은 아니다. 완전히 내 것으로 체득하기 위해서는 쓸 줄 알아야 한다. 만일 한자를 자연스럽게 쓸 수 있게 된다면? 그때는 어떤 상황에서 한자를 만나더라도 술술 읽을 수 있다. 그야말로 날개를 다는 것이다.

나는 이 두 번째 단계를 위해 명언집을 샀다.《채근담》도 그중 하나였다. 사전을 대신하여 한자 단어 검색이 가능한 어플도 하나 설치했다. 그리고 매일 아침, 딱 한 페이지만 필사한다는 목표를 세웠다.

필사할 책으로 정한《채근담》은 한자가 병기되지 않은 것이다. 한자로 쓰며 읽기 위해서 일부러 고른 책이다. 아침에 좋은 글귀를 읽으면 마음도 맑아진다.《채근담》은 짧은 글귀로 이루어진 좋은 글 모음집이라서 끊어 읽기 좋고, 필사하기에도 부담이 없다. 뜻을 음미하며 읽기를 마치면 노트 한 페이지에 공간이 허락하는 만큼 필사한다.

나는 이미 한자로 노트를 쓰기 시작하면서 어느 정도 수준의 한자는 적을 수 있었다. 그럼에도 처음엔 문장의 30퍼센트 이상이 모르는 단어였다. 그래서 모르는 단어는 검색해가면서 찾아 적었다.

이렇게 매일 필사하면서 알던 한자는 더욱 깊이 체화하고, 모르는 한자는 새로 외웠다. 그리고 마지막으로 '1초의 법칙'에 따라 여전히 잘 외워지지 않는 한자는 따로 모아서 다시 외웠다.

목적에 따라 공부법은 이렇게 달라진다. 내공이 없는 상태라면 단어부터 암기해야 한다. 암기부터 시작해서 한자어를 보고 뜻을 이해할 수 있게 되면, 우리말로 된 책을 읽고도 외국어를 자동 연상하는 단계로 나아갈 수 있다. 이처럼 단계별로 공부 전략을 어떻게 세울지 세분화시켜야 한다.

어떤 언어든 확실히 내 것이 되었다고 느끼려면 자판기처럼 누르면 쏙 나올 수 있는 정도가 되어야 한다. 그래야 그 언어로 말하고 쓰기를 자연스럽게 할 수 있다. 잘 외워지지 않는 한자는 머리를 때려도 튀어나오지 않는다. 나는 이 문제를 해결하기 위해 두 가지 방법을 썼다.

첫째, 다이어리 활용하기다. 일단 모르는 단어를 만나면 포스트잇에 따로 적어두거나 어플의 암기장에 이동시켜두었다가 다시 보면서 외운다. 그래도 잘 안 외워지는 단어가 있게 마련이다. 이 단어들은 다이어리의 내일 일정에 적어둔다. 다이어리란 매일 보라고 쓰는 것이므로 일정을 확인하기 위해 펼치다 보면 속 썩이는 한자를 또 마주하게 된다. 그러면 다시 보면서 외운다. 그래도 안 외워지면 다시 다음 날 일정에 적어둔다. 내일이 되면 다시 그 한자를 만나게 된다. 그렇게 '내일 일정에 적어 두고 복습하기'를 통해서 계속해서 눈에 익힌다. 대개 2~3일 정도 되풀이하면 암기된다. 물론 그사이 새로 접한 한자가 있으면 같은 방법으로 ① 포스트잇에 적어두고(암기장에 옮겨두고), ② 다시 보되 그래도 안 외워지면 다이어리 내일 일정에 적어두고 복습한다. 이처럼 복습을 통해서 눈에 익히는 게 핵심이다.

둘째, 문장을 만들어 써보는 것이다. 예를 들어 다음과 같은 단어들의 한자가 잘 떠오르지 않는다고 하자.

'복습, 철저, 은덕, 보답, 감격, 포부, 풍취, 혼미, 거만, 오만, 지옥, 탐욕, 경계, 기대, 융화'

이렇게 여러 날에 걸쳐 잘 암기되지 않는 한자들을 긁어모은 뒤 이를 기반으로 문장을 만든다.

"복습을 철저히 하자. 철저히가 중요하다. 복습을 철저히 해서

잘 외워지지 않는 한자는 다이어리에 쓰면서 자주 눈에 익혀야 한다.

알려준 사람들의 은덕에 보답하자. 꼭 보답하자. 그분들이 감격하게 만들자. 내 복습에 대한 노력에 감격하게 만들자. 그 공로를 인정받게 만들어야 한다. 사나이는 큰 포부를 가져야 한다. 세상 사람들이 감격할 만한 큰 포부. 풍취 있고 혼미하게 말이다. 정신이 혼미할 정도로 열심히 책을 읽자. 혼미할 정도로 독서를 하자. 그게 답이다. 거만하게 굴지 말고 오만하게 굴지 말자. 거만함과 오만함은 나를 지옥으로 이끌 것이다. 지옥으로. 명심하자. 정말 명심하자. 거만과 오만뿐 아니라 탐욕도 경계하자. 꼭! 앞으로의 인생이 참 기대되는구나. 정말 기대되는구나! 좋다, 좋아. 기대되는 내 인생. 융화를 잘 시키자. 융화!"

이건 누구에게 보여주기 위한 글도 아니고, 무슨 뜻이 있는 문장도 아니다. 다만 이런 문장을 쓰면서 해당 단어를 한자로 써보는 게 목적이다. 그래서 문장이 이상할 수밖에 없지만, 목적에 부합하기만 하면 된다. 이제 이 문장들은 다음과 같이 내 노트에 적힌다.

"復習을 徹底히 하자. 徹底히가 중요하다. 復習을 徹底히 해서 알려준 사람들의 恩德에 報答하자. 꼭 報答하자. 그분들이 感激하게 만들자. 내 復習에 대한 努力에 感激하게 만들자. 그 功勞를 認定받게 만들어야 한다. 사나이는 큰 抱負를 가져야 한다. 세상

사람들이 感激할 만한 큰 抱負. 風趣 있고 昏迷하게 말이다. 精神
이 昏迷할 정도로 熱心히 冊을 읽자. 昏迷할 정도로 讀書를 하자.
그게 答이다. (후략)"

  이처럼 문장을 만들어 써보는 연습을 하면서 그 한자들을 내 것
으로 만들었다.

  영어 공부도 마찬가지다. 단어가 잘 안 외워지면 문장을 통째로
외워야 한다. 김민식 PD가 영어 공부 비결을 '기초회화 책 한 권
암기'로 꼽은 것처럼, 문장의 기본 구조를 익히고 단어를 암기하
는 데 효과적인 전략을 따라 해야 한다.

  덧붙여서 이 시기에 공부할 때 주의할 게 하나 있다. 자신의 가
치를 높여주는 공부를 하겠노라 다짐했다면 시간 계획을 세우고
공부하는 것은 추천하지 않는다. 물론 하루가 무한정 긴 것도 아
니어서 시간 관리를 통해 자기관리를 할 수도 있다.

  그러나 이 시기의 공부는 피와 살이 되는 공부이기 때문에 확실
히 매듭을 지으며 하는 게 좋다. 그래서 시간이 아닌 프로젝트별
로 계획 세우기를 추천한다. 오늘은 이 부분을 마스터한다든가,
이 책의 어느 장을 완벽히 숙지하자든가 하는 식으로 말이다. 물
론 다른 일을 처리하면서 감당할 만한 수준에서 학습량을 정해놓

아야 한다. 그래야 시간이 부족해서 중도에 그치는 일이 없기 때문이다.

배운 건 써먹어야 빛난다

매일 한두 시간 약 3개월 동안 한자를 공부하면 3급 수준에는 이를 수 있을 것이다. 그리고 명언집 필사나 문장 만들어 쓰기를 3개월 정도 지속하면 2급 수준 이상의 한자를 쓸 수 있게 된다.

공부에 끝은 없다. 그러나 더욱 수준 높은 공부를 이어가는 방법은 있다. 사설 쓰기가 그 방법이다. 예전에 〈중앙일보〉와 〈동아일보〉를 구독한 적이 있는데, 사설 부분을 펼쳐놓고 한자 쓰기 연습을 했었다. 요즘은 인터넷으로 뉴스를 보다가 끌리는 주제의 사설을 만나면 다이어리나 노트의 빈 곳에 바로 필사한다.

명언집 필사와 유사해 보이지만 다른 점이 있다. 명언집 필사는 한자어가 바로 튀어나올 수 있도록 공부하는 데 더 큰 목적이 있다면, 사설 쓰기는 한자를 완벽히 내 것으로 만드는 기회이자 공부한 것을 잊지 않기 위한 목적이 더 크다. 이때는 모르는 한자가

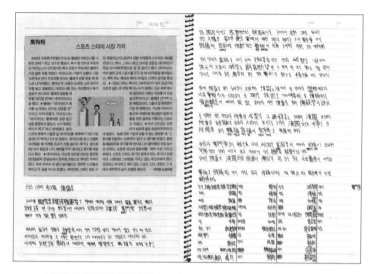

사설을 한자로 쓰면서 한자 실력을 계속 점검하면, 공부의 수준은 더 높아진다.

드물어서 한자 어플로 찾아볼 일도 적었다. 그러나 일상에서 지속적으로 쓰기 연습을 하지 않으면 다시 멀어지는 게 한자이기 때문에 어떻게든 일상에서 활용할 수 있는 방법을 찾아야 한다.

　사설 쓰기를 시작했다는 것은 이제 따로 한자 공부 시간을 마련하지 않아도 괜찮다는 뜻이다. 꼭 사설이 아니어도 된다. 다만 한자 실력을 중간중간 점검하면서 실력의 칼을 계속 벼려두는 게 핵심이다.

이렇게 한자 공부를 지속했다면 이제는 진짜 자기 실력을 음미할 시간이다. 나는 《삼국지》를 읽으면서 그동안의 한자 공부가 헛된 것이 아님을 피부로 느꼈다. 예컨대 이런 단어를 만났을 때였나.

'권토중래'

사자성어를 공부하면서 익힌 단어여서, 숨은 한자가 한눈에 또렷이 보였다.

'捲土重來'

그때의 희열을 어떤 말로 설명할 수 있을까?

이건 많은 경험 중 하나일 뿐이다. 실제로 한자를 공부하면서 책에 대한 두려움이 많이 사라졌다. 어떤 책을 읽어도 낯선 단어 때문에 책이 어렵게 느껴지는 일이 줄었고 자신감이 붙었다. 무슨 책이든 다 읽을 수 있게 되었다.

더욱이 한자를 여전히 많이 쓰는 분야에 진입할 때 큰 도움이 되었다. 부동산 재테크를 그 예로 들 수 있다. 해당 법률을 알아야만 부동산 재테크를 할 수 있었는데, 법 조항을 살펴보니 한자 투성이었다. 이때 미리 공부해둔 한자 실력은 너무도 큰 빛이 되었다. 어쩌면 한자 공부가 부동산 재테크를 위한 준비 과정이 아니었나 하는 생각이 들 정도로 큰 도움이 되었다.

이렇게 공부는 삶의 각 분야와 연결된다. 입시나 취업에 쓰이지 않더라도 언젠가 꼭 필요할 때가 온다. 단순히 평가를 위한, 경쟁에서 이기기 위한 공부가 아니어도 좋다. 어떤 공부든 제대로 하면 내공이 쌓여서 반드시 활용할 날이 온다.

1일 1행 공부 습관을 만들어서 공부의 즐거움에 빠져보자. 지식이 온전히 내 것이 되어 더 풍요로운 삶을 만들어줄 것이다.

＊

1일 1행
운동 습관 만들기

운동을 하는 이유

언제부턴가 '몸 만들기'와 '자기계발'이라는 키워드가 묶이기 시작했다. 헬스장이나 수영장에 등록하면서 인생의 변화를 위한 첫걸음을 내딛는 사람도 많다. 운동을 변화의 출발점으로 여기는 데는 다음과 같은 이유가 있다.

첫째, 기초 체력을 쌓기 위해서다. 자기계발을 한다는 것은 원래부터 하고 있던 일을 멈추고 새로운 일을 한다는 뜻이 아니라 하고 있던 일에 무언가를 더하는 일이다. 그러므로 체력이 받쳐 주지 못하면 정신력도 약해지는 악순환에 빠진다.

둘째, 건강한 삶을 회복하기 위해서다. 요즘 사람들은 움직이기를 싫어한다. 스마트폰만 있으면 하루 종일 누워 있어도 될 정도다. 야식 문화도 건강을 해친다. 소화 기능이 저하되고 각종 질병에 노출된다. 이런 잘못된 라이프사이클은 건강을 해칠 수밖에 없다. 이때 운동을 통해 전신을 자극하고 혈액 순환을 개선하여 잘못된 생활습관으로 인해 생기는 문제들을 해결할 수 있다. 속이 자주 아프던 사람도, 밤잠을 제대로 자지 못해 만성 피로에 시달리던 사람도 몇 개월간 꾸준히 운동하면 건강을 회복한다.

셋째, 자신감 상승을 위해서다. 운동을 하면 남자든 여자든 신체에 활력이 생긴다. 거울에 비춰 보는 자신의 모습이 근사해지면서 지인들의 반응도 달라진다. 자연히 자신감이 높아지고 무슨 일을 해도 잘될 것 같다는 기분이 든다.

넷째, 집중력 향상을 위해서다. 하루 24시간은 누구에게나 공평하게 주어진 자원이다. 이 제한된 자원을 제대로 활용하기 위해서는 집중력을 높여야 한다.

EBS 〈뉴스G〉의 '운동으로 성적 높이기' 프로그램에서 운동 효과를 소개한 적 있다. 아침에 한 시간씩 운동을 하고 수업을 들은 학생들과 아침 운동 없이 바로 수업을 들은 학생들의 학업 성취도 사이에는 유의미한 차이가 있었다. 운동이 뇌를 자극하여 집중력을 높인다는 의미다.

최근 뇌 과학 연구에서도 유산소 운동을 하면 기분이 좋아질뿐만 아니라 뇌 기능도 향상된다는 사실을 알아냈다. 신체 기능 이상으로 뇌 기능 역시 향상되어, 학습 효과가 올라간다는 것이다.

억지로 잠을 줄이고, 늦은 시간까지 잠을 떨치며 무리해서 책을 읽고 노력하는 건 한계가 있다. 그러니 운동을 통해 체력을 증강시켜야 한다.

확고한 의지는 필수

5년 전이었다. 그때 나는 '어썸피플'Awesome People이라는 독서 카페와 모임을 주도하고 있었다. 뜻이 맞는 사람들끼리 모여 친목도 다지고 자기계발을 하기 위해 만든 모임이었다.

그 모임에 덩치 좋은 동생 하나가 들어왔다. 그는 바이럴 마케팅 회사에 다니고 있었다. 회사 업무를 마치고 퇴근하면 어썸피플 독서 모임에 참석하여 넉넉히 한 자리를 차지했다. 그는 마디 굵은 장사 스타일의 체구에는 다소 어울리지 않는 책을 들고 자리를 지켰다. 모임이 끝나고 이야기를 나누면서 우리는 조금씩 정이 들었다.

그도 자기계발에 관심이 많았고, 앞으로 어떻게 살아야 할지 불안해하고 있었다. 그와 나는 비슷한 처지였다. 우리는 둘 다 딱히 좋을 것 없는 직장에 몸이 매여 있었지만, 오늘보다 나은 내일을 만들기 위한 방법을 찾고 있었다.

그러나 우리 둘 사이에는 한 가지 차이점이 있었다. 나와 달리 그는 실행에 대한 확고한 의지가 부족했다. 예를 들어, 몸무게가 100킬로그램을 훌쩍 넘은 그는 살을 빼고 싶어했다. 하지만 날 때부터 음식을 즐기는 대식가여서 음식 조절이 되지 않는다고 했다.

몸무게를 조절하는 방법으로 운동만 한 게 없다. 아무리 굶어도 운동을 하지 않으면 도로아미타불이다. 그러니 음식양 조절이 어려운 그에겐 운동이 답이었다. 독서 모임에서 출발한 어썸피플은 마침 그 무렵 회원수가 늘면서 다양한 취미 모임이 개설되었던 차였다. 자전거 모임도 그중 하나였다. 이 모임을 이끄는 사람이

나였으니 그에게 자연스럽게 참여를 권했다. 하지만 매주 한 번 모여서 라이딩을 한다고 얼마나 효과가 있겠는가.

"퇴근하고 반포한강공원으로 와. 매일 자전거 타자."

그는 순순히 고개를 끄덕였다.

자전거부터 바꿔야 했다. 동네 마실이나 다닐 수 있는 캐주얼 자전거 대신 운동에 적합한 자전거가 필요했다. 나는 그와 함께 자전거 가게에 들러 사이클 선수들이 타는 로드용 자전거 한 대를 골라주었다. 로드용 자전거는 바퀴가 얇고 안장이 손잡이 높이와 비슷해 허리를 숙이고 타야 한다. 공기 저항을 최소화해서 속도를 내는 데 최적화된 자전거다. 가격은 40만 원대로, 그 정도면 인생 첫 자전거로 손색이 없어 보였다. 적은 돈이 아니었는데도 그는 뭐가 그렇게 신이 났는지 아낌없이 지갑을 열었다.

우리는 매일 저녁 7시쯤 반포한강공원에서 만나 자전거를 타기 시작했다. 아직 자전거에 서툰 그를 위해 내가 앞장서고, 그가 뒤를 따랐다. 목적지는 반포한강공원에서 여의도까지 약 7킬로미터. 평소의 내 속도라면 10분이면 충분했지만 그의 실력을 감안하여 25~30분 사이에 도착할 수 있도록 속도를 절반으로 줄였다. 그래도 그는 힘에 부쳐 땀을 뻘뻘 흘렸다.

초반 며칠은 주로 자세를 잡고 호흡법을 익히는 데 집중했다.

내가 앞장서서 그를 이끌다가 적당한 때가 되면 그의 뒤로 처져서 페달 밟는 모습과 숨 쉬는 모습 등 전체적인 자세를 관찰했다. 그는 몸집 두툼한 아저씨들이 그렇듯 다리를 벌린 자세로 타고 있었다.

"다리 오므려."

"호흡에 신경 쓰고."

며칠이 지나자 그는 나를 앞질러 달리기 시작했다. 나 역시 승부욕에서는 둘째가라면 서러운 사람이라 다시 선두로 치고 나갔다. 이런 방식은 그의 오기를 발동시키는 데 좋은 자극이 되었다.

나는 랩타임 단축을 목표로 삼았다. 일정 속도 이상을 유지하며 달리면 근력 운동과 유산소 운동 효과를 모두 얻을 수 있다. 그래서 되도록 중간에 멈추지 않고 타도록 했다.

여의도까지 30분 걸리던 우리의 자전거 타기는 갈수록 빨라져서 일주일이 지날 무렵에는 20분대 초반까지 시간이 단축되었다. 다시 일주일이 지나자 10분대 후반을 기록했고, 한 달이 다 되어갈 무렵에는 최고 기록인 12분을 찍었다.

물론 우리의 자전거 타기는 여기서 끝이 아니었다. 여의도까지 갔다가 다시 출발지인 반포한강공원으로 돌아왔다. 그러고는 각자의 집까지 자전거를 타고 갔다. 이왕 시작한 운동인데 좀 독하게 할 필요가 있다는 생각에 자전거를 산 날부터 절대로 대중교통을 이용하지 말자고 약속했기 때문이다. 그러니 집에서 직장까지, 직장에서 다시 반포한강공원까지, 반포한강공원에서 여의도 반환점을 찍고 다시 반포한강공원까지, 그리고 반포한강공원에서 집까지. 우리는 엉덩이에 물집이 잡힐 때까지 매일 자전거에 몸을 싣고 다녔다.

만약 혼자서 꾸준히 운동할 자신이 없다면 함께 운동할 친구를 만드는 것도 좋다. 혼자만의 약속은 깨기 쉽다. 하지만 친구와의 약속은 깨기 어려워서 쉽게 포기하지 않게 된다. 무엇보다 힘들 때 서로 격려하며 과정을 함께 하면, 친목도 다질 수 있는 일석이조의 효과가 있다.

재미가 빠지면 안 된다

어느 정도 운동을 하다 보면 지겨워지는 순간이 온다. 그 슬럼프를 극복하려면 운동에 '재미'를 가미해야 한다.
그와 6개월간 운동하면서 다음과 같은 재미를 주었다.

첫째, 사진 찍기다. 이건 그의 일이나 관심사와 연관되어 있다. 그는 회사에서 바이럴 마케팅 업무를 익혀왔기에, 나와 함께 블로그 마케팅도 했다. 자연히 사진이나 동영상 촬영, 영상 편집에도 관심이 많았다. 나는 자전거를 타고 여행을 다니면서 눈에 띄는 풍경이나 인물, 사물 등을 카메라에 담으면 좋겠다고 제안했다. 그는 그 제안을 받고 무척 신나했다.

얼마 후 그는 진짜로 카메라를 가방에 넣어 다니기 시작했다. 그러면서 종종 우리의 발걸음을 멈추게 했다.

"형, 잠깐만요. 이것 좀 찍고."

어딜 가나 카메라를 들고 다니다 보니 어썸피플 모임의 사진도 그가 찍게 되었다. 헬스장에서도 운동을 마친 후 꼭 사진을 찍었다. 특히 헬스 초기에는 조금만 운동해도 근육이 불끈 솟기 때문에 사진 찍는 재미가 있다. 운동의 효과를 기록으로 남겨 눈으로 확인하는 과정은 그 자체로 즐거움이 있다. 이게 바로 보상의 효과다.

둘째, 요일별로 트레이너 바꾸기다. 헬스는 쉬운 운동이 아니다. 자전거는 풍경의 변화라도 있어서 볼거리가 있고, 바람을 맞으며 달리면 시원한 기분도 든다. 무엇보다 속도감이라는 맛을 한번 느끼면 그건 달리 설명할 길이 없다. 자전거 조작에 어느 정도 익숙해지면 다리에 힘이 붙으면서 엉덩이를 안장에서 떼고 자동차와 겨루기라도 할 듯이 페달을 미친 듯이 밟게 되는데, 그 속도에 맛을 들인 사람은 도저히 자전거를 못 떠난다. 쉬이 지루해지거나 매너리즘에 빠질 일이 적다.

반면 헬스는 신체적 한계와 매순간 맞붙어야 한다. 헬스에 중독된 사람이 아니라면 대개는 그 고통 때문에 힘겨워한다. 오죽하면 국가대표 선수들이 태릉선수촌에 들어갈 때마다 도축장에 끌려가는 소의 심정 같다는 말을 했을까.

그래서 헬스를 할 때는 더 많은 재미 요소를 주기 위해 신경 썼다. 트레이너 바꾸기도 같은 맥락이었다. 내게는 마침 가까운 곳에서 트레이너로 활동하고 있는 친구들이 몇 명 있었다. 몸이 어찌나 멋있는지 '최소룡'이라고 불리는 친구도 있었고, 국내 헬스 대회에서 1등을 한 친구도 있었다. 한 명의 트레이너에게만 배우면 자칫 운동이 지루해질 수 있다. 나는 그에게 친구들을 소개해주고 요일별로 코치를 바꾸면서 운동을 다니라고 권유했다. 트레이너를 바꾸면 매너리즘에서 벗어날 수 있고, 새로운 사람을 만날 때의 긴장감도 느낄 수 있다.

여러 명의 트레이너를 만나다 보면 저마다 다른 점이 무엇인지 알 수 있고, 트레이너들이 공통적으로 강조하는 핵심도 알 수 있다. 그러면 나중에 혼자 운동할 때 무엇을 해야 하고 하지 않아야 하는지 판단할 수 있는 기준이 생긴다.

셋째, 내기다. 승부욕이 있는 사람에게는 이만한 자극제도 없다. 나와 그는 서로 다른 이유로 헬스를 시작했다. 나는 몸무게를 늘리기 위해, 그는 몸무게를 줄이기 위해. 숫자가 지향해야 할 방향은 정반대였지만 어쨌든 운동이 필요했다. 우리는 내기를 했다.

"우리 내기하자."

"무슨 내기요?"

"1주일 동안 운동해서 나는 1킬로그램 찌우고, 너는 1킬로그램 빼는 걸로."

"실패하면요?"

"10만 원 내기 어때?"

"콜."

그렇게 우리는 서로의 승부욕을 부채질하면서 조금 더 즐겁게 운동할 수 있었다.

특히 운동 습관이 몸에 배지 않은 사람에게 운동이란 지루하고 힘든 과정이므로 그 사이에 재미를 넣는 걸 잊지 말자.

꾸준함이 만드는 기적

커피라고는 전혀 입에 대지 못했던 사람이 커피에 중독되는 과정을 가만히 살펴보면 이렇단다. 먼저 커피믹스로 시작한다. 피곤할 때 마시는 '달달한' 커피 한잔은 꽤 맛있다. 순간적으로 피로가 사라지는 느낌이다. 커피 자체를 즐기지 않는 사람도 커피믹스의 달달함에는 쉽게 공략당한다.

다음 단계는 우유를 듬뿍 넣은 카페라테다. 달달한 커피믹스를 즐기던 사람은 어느 날 무심결에 맛본 카페라테에 마음을 빼앗긴다. 고소한 우유 맛과 진한 커피 맛에 길들여지면 달지 않아도 그 맛을 즐기게 된다. 그 다음은?

이제 아메리카노가 기다린다. 이 단계까지 오면 쓴맛과 신맛의 차이를 알게 된다. 점차 롱블랙도 마셔보고, 샷 추가도 해보면서, 첫 맛과 끝 맛을 음미할 줄 알게 된다.

아메리카노까지 왔다면 거의 다 온 셈이다. 드립커피의 세계가 열린다. 신맛, 묵직한 맛, 쓴맛까지 이제 자기만의 취향을 찾아 커피의 세계로 들어간다. 이렇게 커피 문외한은 설탕이 들어간 커피부터 시작해야 점차 맛의 깊이를 느끼는 단계를 밟을 수 있다.

재미는 설탕처럼 도전에 '달달함'을 더하는 역할을 한다. 이는 뇌에 즉각적으로 즐거움이라는 보상을 준다. 이 즐거움을 더 큰 목표를 이루기 위한 수단으로 활용하면 삶에 긍정적인 변화가 일어나고 삶에 대한 만족도가 높아진다. 이렇게 되면 자신이 매일 정해놓은 목표를 달성하는 건 물론이고 그 이상의 성과를 이루기 위해 노력하게 된다.

내가 처음 책을 읽기 시작했을 무렵, 대체 활자중독자들은 어떻게 그렇게 많은 책을 읽을 수 있는지 이해할 수 없었다. 책이 없을 때도 활자가 적힌 것이라면 신문지, 상품 라벨까지 다 읽어대는 그들을 볼 때마다 좀 이상해 보였던 게 사실이다. 그러나 오랜 시간 부단히 독서에 매진하다 보니 요즘에는 그들이 느끼는 재미라는 게 무엇인지 알 것도 같다. 어쨌든 재미는 실행을 망설이는 사람에게 가장 효과적인 미끼다. 그 미끼는 엄청난 변화를 몰고 온다.

운동을 시작한 지 3개월 정도가 지나자 그의 몸은 확연히 달라졌다. 매주 한 번씩 그를 보던 모임 사람들이 놀란 토끼 눈으로 이런 말들을 했다.

"살이 많이 빠지셨네요."

이 정도는 약과다.

"요즘 운동해요? 멋있어졌어요."

모임에 나오는 사람들의 찬사가 이어졌다. 그의 어깨에 힘이 빡 들어갔다. 어느 날은 몸에 착 달라붙는 옷을 입고 나타나기도 했다. 같은 남자가 봐도 멋질 정도로 가슴이 떡 벌어지고 근육이 제법 두툼했다. 억지로 힘을 주지 않아도 자신감이 뚝뚝 묻어났다. 무엇이든 할 수 있을 것 같다는 표정이었다. 그 어떤 강의를 들어도, 그 어떤 위대한 책을 읽어도 얻을 수 없는 선물을 얻게 되었다. 그는 선물을 스스로 쟁취했다.

놀라운 일은 이제부터다. 그는 언젠가부터 고급반 사진 강의를 듣기 시작했다. 전문가급 카메라를 사고, 전문 사진작가와 함께 출사를 다녔다. 그가 블로그에 올리는 사진을 보면 정말 직접 찍은 사진이 맞나 싶을 만큼 멋지다. 그렇게 열심히 사진을 찍더니 개인 전시회까지 열었다. 내가 결혼할 때도 카메라를 들고 나타나 아름다운 사진을 찍어주었다. 거기서 멈출 그가 아니다. 어느 날은 동영상 찍는 법과 영상 편집 기술도 익히고 싶다고 하더니 실제로 배우러 다녔다. 그는 '배움의 즐거움'에 푹 빠져 있었다.

배움의 즐거움은 그의 경쟁력을 높여주었다. 그는 헬스를 하면서 운동하는 과정을 사진과 함께 블로그에 올렸다. 그의 도전기는 많은 사람의 관심을 끌면서 일 방문자 수가 꾸준히 증가했다. 방문자 수가 늘어나니까 홍보가 필요한 업체에서 제안이 들어오기 시작했다. 상품을 보내줄 테니까 사용해보고 경험담을 올려주면 좋겠다고 말이다. 그런데 하루는 그의 아버지가 하는 탄산가스 사업을 소개하는 글을 올렸더니 이 글을 보고 다른 업체에서 홍보를 의뢰했다. 사진이나 글, 편집이 일반인 수준이 아니라는 것을 업체들도 알아본 것이다. 많지는 않지만 부수입도 생겼다.

처음 시작은 자기계발을 위한 '몸 만들기'가 목표였다. 그러다 운동이 자신감으로 이어지면서 다시 일로 연결되었다. 물론 운동을 시작한 모든 사람이 다 이런 결과를 맺는 것은 아닐지 모른다. 그러나 운동이 삶에 크고 작은 변화를 가져오는 것만은 분명하다.

세 가지 방법을 지킨다

그 동생과 함께 헬스장에 다니면서 운동을 했지만 사실 나는 헬스를 그리 좋아하지는 않는다. 따로 시간을 내서 운동을 한다는 건 여러모로 불편하다. 그래서 내 스타일에 맞는 방법을 찾았다. 일반적인 운동법은 다른 책에도 많이 나와 있으므로 여기서는 생략하고, 나만의 운동법 세 가지를 소개하려고 한다.

첫째, 운동을 생활화하자. '눈에서 멀어지면 마음에서도 멀어진다.' 나는 이 말의 신봉자다. 헬스장은 너무 멀다. 따로 시간을 내서 헬스장에 다니는 일은 이벤트가 된다. 그래서 억지로 의지를 내지 않으면 까먹기 일쑤요, 가기 싫어지는 날도 다반사다. 물론 운동을 시작한 초반에는 헬스 트레이너의 도움을 받는 것이 중요하다. 그러나 올바른 운동법을 익혔다면 운동하는 장소를 일상으로 옮겨야 한다.

화장실 앞에는 이두, 어깨 운동을 위한 덤벨을 둔다. 눈에 띄는 곳에 운동기구를 두면 자연스럽게 운동하게 된다는 개인적인 처방에 따라 동선을 고려해 그렇게 배치한 것이다. 샤워하러 들어가기 전에 혹은 수시로 눈에 띌 때마다 정해진 횟수만큼 들어 올린다.

집이나 일터 혹은 이동하는 도중에는 동네 운동기구를 활용한다. 시간적 여유가 있는 날은 귀가하기 전 동네 운동기구로 10~20분 정도 운동한다. 퇴근 시간을 이용하면 이동하는 데 드는 시간도 줄일 수 있다. 평소 다니는 길을 일부러 살짝 돌아가는 것도 좋은 방법이다.

가방을 메고 다닐 때는 가방을 이용해서 어깨 운동을 할 수도 있다. 대중교통을 이용할 때 간단히 할 수 있는 운동들도 많이 소개되어 있으므로 자투리 시간을 활용해보자.

강의를 위해 학교에 가면 남는 시간을 이용해서 철봉에 매달리기도 한다. 10여 회 정도 턱걸이를 하고, 평행봉에 올라가 팔을 굽혔다 펴며 운동한다.

정리하자면 원칙은 딱 두 가지다. 먼저 운동기구를 눈에 띄는 곳에 두고, 자투리 시간에 운동한다. 이렇게 운동 시간을 잘게 쪼개면 체력적 부담을 줄이면서도 운동 효과를 거둘 수 있다는 장점이 있다. 매일 헬스장에 들러 한 시간 이상 운동하는 일은 시간적으로나 육체적으로 부담이 가서 다른 일을 하는 데 방해가 될 수 있다. 그러나 5분, 10분 단위로 시간을 쪼개 운동하면 운동으로 인한 스트레스 또한 줄어든다. 일삼아 운동하는 것이 아니라 평소 생활 속에 자연스런 습관으로 만드는 것이다.

둘째, 하루 운동 목표를 숫자로 적고 지워가자. 어떤 운동을 얼마나 할 것인지 구체적인 목표를 정해두면 좋다. 나는 가장 기초적인 운동으로 팔굽혀펴기를 한다. 무슨 일이 있어도 매일 팔굽혀펴기 100회는 꼭 채운다. 나의 하루를 기록하는 라이프로그에도 팔굽혀펴기 100회는 중요한 목표로 적어두었다. 그리고 시간이 허락하면 턱걸이, 평행봉, 덤벨 등으로 옮겨간다. 이때 팔굽혀펴기는 100회, 턱걸이는 50회, 덤벨은 100회 등 목표를 반드시 숫자로 정해서 적는다.

목표한 운동을 마치면 노트를 꺼내서 빨간 펜으로 선을 긋는다. 이 과정에서 '오늘 해야 할 일을 무사히 마쳤다'는 뿌듯함을 얻는다. 목표를 달성했다는 성취감은 그 자체로 보상이 되어 다음 날 실행에 자극이 된다.

셋째, 차츰 숫자를 늘려가자. 처음 운동을 시작할 때는 목표 숫자를 늘리는 게 중요하다. 운동 종류를 늘리는 것도 좋다. 예를 들어 팔굽혀펴기를 시작할 때 처음부터 100회를 하는 건 무리다. 힘이 닿는 데까지 해보되, 그 숫자를 다소 힘에 겨운 수준으로 정한다. 20회까지는 무리 없이 할 수 있다면 30회 정도로 잡는 식이다. 첫날 미션을 완수하면 다음 날에는 10회 정도 개수를 올린다. 이렇게 조금씩 운동량을 늘려서 목표치까지 끌어올린다. 그리고 목표치까지 끌어올리면 그 횟수를 유지한다. 나는 팔굽혀펴기의 경우 그 횟수를 100회로 정했다.

물론 꾸준히 운동하는 게 중요하지만 일이 바쁘거나 슬럼프가 와서 한 달 넘게 운동을 빠뜨릴 때도 있다. 그럴 때는 처음부터 다시 시작한다는 생각으로 이 과정을 반복하면 된다.

  이건 나만의 운동법이다. 남들보다 더 잘하기 위해 지킬 수 없
는 무리한 목표를 세우지 않도록 유의하자. 한번에 한 가지 목표
만 세운 후 자신만의 기록을 만드는 게 중요하다. 각자 스타일에
맞는 운동법을 찾으면, 그 어떤 취미 활동보다도 운동을 즐기게
될 것이다.

1일 1행
재테크 습관 만들기

재테크를 하는 데는 크게 두 가지 방법이 있다. 하나는 전문 역량을 갖춘 투자 대행업체에 맡기는 것이고, 다른 하나는 재테크 공부를 해서 내가 직접 투자에 나서는 것이다.

재테크 목표나 투자자의 성향, 자산 상태에 따라 두 가지 방법 중 하나를 선택해도 좋고, 이 둘을 섞어서 활용해도 좋다. 하지만 어떤 경우라 해도 투자에 대한 기초적인 지식 쌓기와 지출 관리는 필수다. 투자하는 주체는 자신이기에 그 과정도 결과도 결국 스스로 책임져야 하기 때문이다.

한 달에 얼마나 쓰는가

지출 관리의 핵심 목표는 무엇일까? 지출에 대한 경각심을 높이는 것이다. 가계부를 쓰지 않는 사람들은 막연히 '통장 잔액이 충분하겠지?'라고 생각하는데, 이것이야말로 위험한 착각이다. 막상 통장을 확인해보면 어떤가? 번번이 기대치보다 낮은 통장 잔액을 확인하며 깜짝 놀라지 않는가. '헉, 겨우 이것밖에 안 남았어!' 그러고는 스스로에게 '딱히 쓴 데도 없는데…'라고 변명을 한다. 이 문제를 해결하지 않으면 재테크를 위한 자금 마련에 곤란을 겪을 수밖에 없다.

물론 간편하게 기록할 수 있는 가계부도 다양하다. 그러나 수입과 지출 항목을 계산하며 남은 돈을 일일이 확인하는 것은 생각보다 번거로울 뿐만 아니라 정리하는 데만 집중하느라 정작 숲을 보지 못하게 된다. 지금까지와 다른 재테크를 하기로 마음먹었다면 지출 관리를 손쉽게 할 수 있는 포스트잇 가계부를 추천한다. 포스트잇 한 장이면 한 달간의 지출 관리가 가능하니 누구나 따라 할 수 있다.

일단 포스트잇 상단에 이렇게 적는다.

'용돈 10만 원으로 한 달 살기'

이게 내 가계부의 제목이다. 실제로 10만 원으로 살아야 한다는 뜻은 아니지만, 불필요한 지출을 최대한 줄이기 위해 조금 무리한 '타이틀'을 달아둔 것이다.

그 아래는 딱 세 가지 항목만 적는다. 날짜, 지출 항목, 지출액.

여러 날이 지나면 다음과 같은 내용으로 포스트잇이 채워진다.

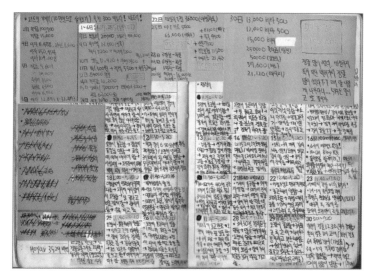
포스트잇에 지출 내역을 적으면 지출에 대한 경각심을 높일 수 있어 효과적이다.

목표는 포스트잇 한 장 안에 한 달 지출 내역을 다 적는 것이다. 포스트잇 한 장을 넘는 지출을 막자는 의도도 있다. 포스트잇은 아주 작기 때문에 글자를 작게 쓸 수밖에 없고, 의식적으로 지출을 통제해준다. 이처럼 '작은 종이 한 장'을 채워가는 건 나 자신에게 끊임없이 신호를 보내는 역할을 한다.

"어이, 유근용 씨. 왜 이리 지출이 많아!"

지출에 대한 경각심. 이게 내가 포스트잇에 지출을 적는 이유다. 이것보다 더 큰 이유는 없다. 며칠 간격으로 중간 합산을 하며 그간의 지출액을 확인하는 것도 경각심을 높이는 데 도움이 된다. 또 포스트잇을 다이어리에 붙여두면 매일 지출 내역을 확인할 수 있고, 한 달간의 지출 내역을 포스트잇 한 장으로 한눈에 볼 수 있다는 장점도 있다. 몇 날 쓰다 보면 자신의 소비 패턴도 보인다. 소비 패턴이 분석되면 소비를 줄일 수 있는 여지가 생긴다. 재테크는 이처럼 지출에 대한 경각심을 갖는 데서 시작된다.

돈이 되는 독서법

만약 당신이 부동산에 투자하기로 마음먹었다면 책으로 기본 지식을 쌓는 것에서부터 시작하면 좋겠다. 특강이나 4회차 정도의 강의도 좋다. 아무런 지식과 정보 없이 맨바닥에 헤딩하는 건 시간 낭비다. 오히려 얄팍한 지식의 함정에 빠질 수 있다. 조금 안다는 사람의 이야기를 따르다가 낭패를 봤던 경험이 한번쯤은 있을 것이다.

책은 공인된 지식을 담은 좋은 코치다. 2017년 4월 10일, 나는 자주 들르던 카페에서 신간 출간 소식을 접했다. 2016년에《대한 민국 부동산의 미래》라는 책을 흥미롭게 읽었는데, 그 책의 저자인 김장섭 소장의 신간이었다. 제목은《한국의 1000원짜리 땅 부자들》이었다. 내 시선은 '땅'이라는 단어에 꽂혔다. 그때 나는 11채의 집을 소유하고 있었지만 수익률이 생각만큼 높지 않다는 사실을 알고 토지 쪽으로 관심을 돌리는 중이었다. 바로 김장섭 소장의 신간을 구입했다.

요즘 인터넷서점은 당일배송이 가능하기에 신속하게 책을 받아볼 수 있다. 덕분에 책을 주문하고 몇 시간 후 받아서, 퇴근길에 읽기 시작했다. 지하철 왕복 두 시간을 활용하여 이틀 사이에 빠르게 한 차례 읽었다. 사실 같은 부동산이라도 종목이 달라지면 새로 배워야 할 게 많다. 그럼에도 첫 완독은 속도를 높였다.

일명 속독으로 불리는 '빠르게 읽기'다. 한 페이지를 몇십 초 이내로 끊어서 읽는 게 우리가 아는 '속독법'의 핵심이다. 그러나 책 읽기의 목표가 '빨리'가 되어서는 곤란하다. 여기서 말하는 '빠르게 읽기'의 목적은 시간을 줄이는 데 있지 않으며, 책의 핵심 메시지를 포착하는 데 있다.

간혹 진도가 느려서 읽고 있는 책의 전체 그림을 놓칠 때가 있다. 낯선 분야를 공부할 때 처음부터 철저히, 꼼꼼히 읽겠다고 접근했다가 너무 속도가 처지는 바람에 앞의 내용을 까먹는 실수를 하곤 한다. 그래서 그런 상황을 막고자 일단 모르는 내용이 나와도 '나중에 다시 보자'는 생각으로 건너뛰었다.

'부동산 토지'라는 낯선 분야의 책을 읽기 위해 내가 택한 방법은 2회독이었다. 그렇다면 두 번째 읽을 때는 어떻게 읽어야 할까? 내가 새로 발견한 2회독의 핵심은 포스트잇이다.

처음 읽을 때 이해되지 않던 내용이 두 번째 읽는다고 갑자기 이해되지는 않는다. 1회와 2회 사이에 충분히 시간 간격이 있어서 그 사이에 따로 공부를 했다면 모를까, 대개는 별 차이가 없다. 다만 1회독을 통해 전체 그림을 알게 되었으니 2회독 때는 길을 잃을 염려가 없고, 복습하는 효과가 있어서 내용이 또렷해진다. 그러나 여전히 잘 모르겠다면?

모르는 내용을 만날 때마다 나는 포스트잇을 붙인다. 두 번째 읽는 것이지만 더 꼼꼼히 읽게 되니 시간도 더 걸린다. 실제로 《한국의 1000원짜리 땅 부자들》의 경우 2회독에 걸린 시간이 총 3~4일이었다.

포스트잇을 붙이는 이유 중 하나는 이 책을 3회독까지는 하지 않겠다는 뜻이다. 책을 더 읽어봐야 고개를 갸웃거리게 했던 내용을 완전히 알 수는 없다. 그러므로 책을 옆에 두고 포스트잇을 붙인 페이지를 넘겨 보면서 인터넷 검색을 활용해야 한다. 이 과정을 통해 포스트잇에 적은 질문들을 하나씩 해결하면서 뜯어낼 수 있다.

블로그 이웃을 적극 활용한다

재테크와 부동산 공부를 습관화하는 방법 가운데 하나는 블로그 이웃을 활용하는 것이다. 책을 읽고 마음에 드는 저자를 만나면 그 저자의 블로그로 달려가서 이웃 신청을 한다. 아침에 눈을 뜨면 스마트폰으로 블로그에 접속해서 그날 올라온 새 글을 읽으며 공부한다. 대개는 지역 분석 내용이 많으며, 모두 읽는 데 30분에서 한 시간 정도 걸린다.

오전 공부는 그렇게 일과로 만들어두고, 시간이 나면 고수들의 블로그를 방문하여 예전 글도 읽어본다. 사실 부동산 투자라는 건 타이밍이 중요하기 때문에 예전 정보는 값어치가 거의 없다. 그러나 투자 마인드는 다르다. 그 사람의 투자 원칙이 무엇인지 살펴보려면 예전 글을 읽는 게 좋다.

투자 원칙을 정하는 것은 중요하다. 처음에는 월세 없는 갭 투자만 하자고 생각했는데 그렇게 하다 보니까 고정 수익이 없어서 자금에 쪼들리는 상황에 부딪쳤다. 마침 그때 월세 수익에 대한 투자 원칙을 갖고 있는 사람을 만나면서 그의 투자 원칙이 보다 합리적일 수도 있음을 납득하게 되었다. 그 후 내가 완전히 납득할 수 있는 상태가 되자 투자 원칙을 조정했다.

마지막으로 재테크 책을 손에 잡히는 곳에 놓아두라는 조언을 하고 싶다. 책상이든 바닥이든 화장실이든, 어디든 좋다. 펼쳐두어도 좋다. 다만 깨끗이 정리해 책장에 넣어두지 말자. 책은 언제든 손이 닿는 곳에 있어서 수시로 볼 수 있어야 한다. 그래야 다른 곳으로 향하는 내 마음을 붙들어두는 효과가 있다. 책과 함께 밥을 먹고, 책과 함께 잠을 자면 더 많은 지식이 내 것이 된다.

현장 감각을 쌓아라

자, 여기까지 했다면 실행에 옮길 준비가 일단락된 것이다. 이제는 직접 실행에 나서야 한다. 다만, 실행에 나서기 전에 마치 여행 떠날 때처럼 한 장의 목록을 마련하자. 거기에는 실행의 절차가 담겨 있다. 예를 들어 법원에 가야 한다면 다음과 같이 목록을 적을 것이다.

- 신분증 챙기기
- 입찰 보증금 챙기기
- 기일 입찰표를 꼼꼼하게 작성 후 출력하기
- 도장 챙기기
- 대리입찰일 경우 위임장(인감도장 날인 확인)과 인감증명서 한 통 챙기기

나는 《한국의 1000원짜리 땅 부자》를 읽고 열흘 뒤인 2017년 4월 20일에 공매를 위한 입찰에 참가했다. 인생 첫 입찰이었다. 열흘 사이에 보아둔 강화도 땅이 있었는데, 매력적으로 보였다. 운이 좋게도 첫 입찰에 성공했다. 경매든 공매든 입찰을 하는 사람들이 가장 어려워하는 게 입찰금 정하기라고 하는데, 2등과 불과 20여만 원 차이로 낙찰된 것이다.

세상의 모든 실행은 늘 두려움이 앞을 막는다. 하지만 막상 실행에 옮기고 나면 그 두려움은 아무것도 아니다. 그게 실행의 다른 얼굴이다.

입찰도 그랬다. 막상 시작하기 전에는 내게는 꽤나 거금인데 이렇게 투자하는 게 맞을까 싶은 의구심, 공매에 입찰할 때 실수를

저지르지 않을까 하는 불안감, 낙찰이 될 수 있을까 하는 걱정이 한 걸음 내디딜 때마다 올라왔다. 하지만 일단 입찰하고 돌아서는 순간, 두려움은 사라진다. 부동산은 한 번의 실패도 없이 성공만 할 순 없다. 성공도 실패도 겪어본 나로서는 두 가지 경험 모두 일상적인 일이 되었다. 책을 읽고 공매를 경험하기까지 걸린 시간은 딱 열흘이었다.

공매를 통해 강화도 땅 100평을 구입하고 나자 갑자기 마음이 바빠졌다. 엄밀히 말하면 공매 전 열흘 사이에 준비한 것은 '입찰하는 방법'에 대한 것이었지 강화도 땅 100평으로 어떻게 수익을 거둘 것인가는 아니었다. 물론 책을 통해 수익을 거두는 원칙적인 방법 몇 가지는 배웠지만, 그 지식을 내가 낙찰받은 땅에도 적용할 수 있느냐 하는 것은 다른 문제였다.

이제는 좋든 싫든 이 땅으로 수익을 내는 방법을 찾아야 했다. 그렇지 않으면 내가 입찰에 뛰어든 게 아무 의미 없는 일이 되니까 말이다. 그저 경험 삼아 해보는 게 목적은 아니었다. 책을 읽고 내용들을 실행에 옮겨 반드시 좋은 결과를 만들어내야 했다. 나만의 노하우를 계속 쌓아나가는 것이 토지 낙찰을 받은 진짜 목적이었다.

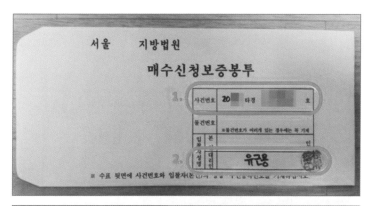

부동산 경매 입찰과 낙찰 후 준비 서류들.

첫 낙찰 이후 지금까지 약 30회의 유료 강의를 들었는데, 절반은 특강이었고 절반은 정기 강의였다. 정기 강의는 4회차가 가장 많았다. 강의료는 대략 시간당 10만 원선이었다. 총 75시간 정도를 수료했으니 돈으로 환산하면 750만 원을 강의 듣는 데 쓴 셈이다.

자기계발에 투자하는 비용을 아까워하는 사람은 자기계발에 뜻이 없다고 봐도 무방할 것이다. 세상의 법칙 가운데 하나는 '수업료는 반드시 지불해야 된다'이다. 공짜로 얻어지는 건 결코 없다. 이때의 수업료는 강의료일 수도 있고, 실패로 날아간 비용일 수도 있다. 어떤 것이든 수업료가 필요하다면, 그 돈을 지식을 얻는 데 쓰고 싶다. 값을 치러야 좋은 정보를 얻을 가능성이 커지고, 자신에게도 '이건 공짜로 얻은 정보가 아니야'라는 긴장감을 주게 된다.

369 법칙

책을 읽으면서 공부를 시작한 나는 부동산 투자의 핵심은 '임장'이라는 것을 알게 되었다. 임장은 현장에 나가 본다는 뜻이지만 그 목적을 놓고 다시 풀이하면 '물건 보는 눈을 키운다'는 뜻이 된다.

주식 투자에서도 워런 버핏은 사람은 기업체 방문과 사장 인터뷰 등을 하며 '주식 임장'을 하는 것으로 잘 알려져 있다. 가치 투자에서도 임장법을 활용하는 것이다.

어떤 재테크나 마찬가지다. 직접 모은 자료를 바탕으로 이 물건이 어느 정도 값어치를 지니고 있는지, 향후 가격이 얼마나 오를 것인지 감을 잡을 수 있어야 한다. 그렇지 않으면 자기 판단은 사라지고 '남이 권하는 물건'에만 투자할 수밖에 없다.

남이 권하는 물건이 무조건 나쁘다는 뜻은 아니다. 하지만 물건을 보는 안목이 없어 늘 타인의 손에만 의지하면 수익률이 높지 않다. 또 어떤 투자 대행업체에 돈을 맡길지 판단하기 어렵다. 대행업체를 고를 때에도 최소한의 안목 정도는 지니고 있어야 내게 맞는 업체를 고를 것 아니겠는가.

그렇기 때문에 재테크를 하려는 사람이라면 기초적인 지식을 갖고 있어야 한다. 그 기초적인 지식이란 단지 책을 통해 얻은 지식이 아니라 실물을 보면서 스스로 판단할 수 있는 안목을 기르는 것까지를 의미한다.

나는 '369 법칙'을 통해 부동산에 대한 기초적인 안목을 키웠다. 369 법칙이란 '하루 세 시간 투자, 여섯 곳의 부동산중개소 방문, 아홉 곳의 물건 보기'를 의미한다. 내가 사는 동네 주변은 물론 강의를 다니거나 여행을 다닐 때 해당 지역 부동산 중개소를 방문하여 물건을 보면서 감을 익혔다.

그렇게 반년쯤 지나니까 부동산 중개업자의 이야기를 듣기만 해도 이 사람이 어느 정도 수준인지 알았다. 즉 좋은 물건을 가릴 줄 아는 안목이 있는 사람인지 아닌지 분간할 수 있게 된 것이다. 투자 대행업체에 맡기는 경우라도, 최소한 이 정도 수준까지는 되어야 속지 않고 소중한 내 재산을 지킬 수 있다.

그러나 이렇게 무작정 임장을 다니는 건 처음 공부할 때로 충분하다. 본격적으로 투자할 마음을 먹었거나 보다 실전적인 안목을 갖기를 바란다면 시선을 세상으로 옮겨야 한다. 나는 매일 경제 신문을 읽는다. 주로 부동산과 4차 산업 관련 기사가 실리는 면을 본다. 만일 어느 지역이 재개발된다는 소식을 접하면 일단 경매나 공매로 그 지역에서 나온 물건이 있는지, 해당 물건이 괜찮은지를 먼저 살핀다. 그리고 그 주에 꼭 그 재개발 예정 지역을 다녀온다. 부동산 중개소에 들러 소식도 듣고 직접 개발 지역을 찾아가서 분위기도 살핀다.

이 정도가 되면 일반 매매, 경매, 공매를 할 수 있는 준비를 마친 셈이고, 투자 대행업체를 가릴 수 있는 최소한의 수준에는 이르게 된다.

나는 종교인은 아니지만 믿고 있는 신이 있다. 그 신은 타고난 배경 따위에는 관심이 없다. 대신 그 신은 이 세상을 살아가는 모든 사람들에게 하루 24시간을 공평하게 부여한다. 만일 내가, 신이 준 24시간을 무언가에 투자하면, 신은 반드시 내게 보상을 주리라. 그게 나의 신앙이다.

부동산 투자를 시작하고 3년이 흐른 지금, 나는 공동투자를 포함하여 11채의 집과 전국 83곳의 토지를 낙찰받을 수 있게 되었다. 근래의 정부 정책이나 시장 상황이 낙관적이지만은 않지만 불과 3년 전의 나를 떠올리면 놀라운 변화다.

제5장

당신을 '실행력 갑'으로 만드는 법칙

상대의 성과에 부러움을 느끼기보다는
그 성과를 만들어내기까지
그가 들인 노력과 과정에 주목하여 분발하면 된다.

인생은
실행의 연속이다

인류 역사 이래로 고통에 대한 수많은 담론들이 있어왔다. 이 담
론들은 대체로 다음 두 가지 이야기로 압축된다. 당신은 어느 것
에 더 익숙한가?

- 삶이 뜻한 대로 풀리지 않을 때 고통이 찾아온다.
- 살아 있기 때문에 고통이 찾아온다.

첫 번째 정의는 우리 주위에서 흔히 접할 수 있는 것으로, 이 주

장을 펼치는 사람들은 '뜻을 이루는 방식'으로 '고통을 극복할 수 있다'고 말한다. 원인을 제거하면 고통도 사라져서 최소한의 행복에 도달할 수 있다는 말이다.

두 번째 정의는 몇몇 사상가나 예술가들에게서 찾아볼 수 있다. 대표적인 인물이 부처와 헤밍웨이다. 부처는 '인생은 고해'라는 말로, '우리가 사는 세상이 본래 고통의 바다'라고 표현했다. 헤밍웨이는 보다 직관적인 문장으로 삶과 고통을 연결 짓는다. 그는 밧줄을 꽉 쥐고 청새치와 사투를 벌이는 노인을 통해 "몸에 느껴지는 고통으로 그는 자신이 죽지 않았음을 알았다."라고 말했다.

두 번째 정의의 핵심은 무엇일까? 첫 번째 정의는 '고통은 제거할 수 있다'고 말하는 데 반해 두 번째 정의는 삶과 고통이 동전의 양면처럼 딱 붙어 있다고 말한다. 우리는 살아 있기 때문에 고통을 느끼는 것이다. 만일 고통에서 해방되려면? 우리가 택할 수 있는 건 강력한 진통제, 즉 마약과 죽음밖에 없지 않을까?

이처럼 무거운 이야기부터 시작하는 이유는 고통이 늘 인생을 따라다니듯 우리가 '실행'이라는 걸 시작하는 순간 반드시 부딪치게 되는 그 무엇에 대해 이야기하기 위해서다. 무언가를 시도하려는 사람은 실행 고유의 저항감을 피할 수 없다. 인생에 수반되는 고통처럼.

버려지는 노력은 없다

혹 세상의 짐이 가벼운 솜 보따리처럼 느껴지는 낙타 같은 사람이 있을지 모른다. 그러나 나는 작은 흙덩이 하나도 버거워하는 지렁이에 가까웠다. 전생에 무슨 죄를 지었기에 살기 위해 흙을 파먹고, 땅속을 기어야 했을까. 살아 있는 모든 순간이 때로는 까끌까끌한 흙 속을 헤집고 다니는 지렁이처럼 느껴졌다.

나는 '고통은 피할 수 없다'는 생각에 조금 더 가까운 사람이었다. '실행'이라는 걸 하기 위해 마음을 꼭 붙들고 있는 동안에도 실행을 방해하는 적들이 수시로 나를 찾아온다. 아침에 일찍 일어나려고 마음먹은 순간부터 무엇인가가 나를 침대로 잡아끌기 시작한다. 매일 책을 읽자고 마음먹고 실행에 나선 순간 책보다 더 즐거운 다른 일들이 시야에 들어온다. 각오를 다지고 의지를 끌어모으면, 반드시 그 각오와 의지 뒤에 강력한 저항감이 함께 따라온다.

어떤 실행도 밥 먹듯 쉽게 한 적이 없다. 그래서 이 문제를 해결하지 못하면 아무리 굳은 의지를 다져도 어느 순간 실행이 중단될 수밖에 없음을 인지했다. 이러한 어려움을 극복하기 위해 깊이 고민했으며, 해결책을 찾으려 노력했지만 스스로 극복하기는 쉽지 않았다.

특단의 조치가 필요했다. 그래서 게으름과 슬럼프 때문에 실행력이 떨어지는 날에는 유튜브나 SNS를 통해 열심히 사는 사람들을 찾아보았다. 강하게 동기부여가 되는 영상들을 보면서 나태해진 나 자신을 다잡기 위함이었다. 슬럼프와 게으름이 찾아오게 되면 책도 읽기 싫어진다. 모든 게 귀찮아지고 아무것도 하기 싫은 상태가 된다. 이런 상황이라면 무언가 해야 한다는 마음을 잠시 내려놓고 지금 상황에 맞는 영상들을 찾아보면 큰 도움을 받을 수 있다. 영상들을 보며 다시 마음을 다잡고 앞으로 나아갈 힘을 충전한다.

또한 좋은 문장들을 끊임없이 외우기 위해 노력했다. 나는 좋은 문장 수집가다. 요즘은 지하철 스크린도어나 건물의 벽면, 공중화장실에도 명언들이 붙어 있다. 나는 그것들을 그냥 지나치지 않는다. 마음에 드는 문장이 있으면 반드시 사진을 찍고 그 문장을 체화시키기 위해 노력한다.

좋은 문장들을 많이 외워두면 뭐가 좋을까? 가장 큰 장점은 힘들고 어려운 상황에 처해 있을 때 내가 외워두었던 수많은 문장들 중에서 그 상황에 맞는 문장이 떠오르고, 그 문장이 어려움을 슬기롭게 극복할 수 있는 힘을 준다는 것이다.

　로마 철학자 세네카는 이런 명언을 남겼다. "단언컨대, 위대한 사람은 때로는 역경을 반긴다. 신은 자신이 인정하고 사랑하는 자들에게 역경을 주어 단련시키고 시험하고 훈련시킨다. 불운을 당해보지 않은 사람만큼 불행한 사람은 없다. 불은 금을 단련하고, 불행은 용감한 자들을 단련시킨다." 만일 이 문장을 외워두었다면, 힘든 상황에 처했을 때 이 글귀를 떠올리며 마음을 다잡고 용기를 얻을 수 있다. 위와 같은 방법들을 실천하며 이것을 하나의 습관으로 만드는 나의 노력은 지금도 계속되고 있다.

✳

바늘 가는 데
실 간다

실학주의자 다산 정약용 선생은 '수단'으로서의 공부가 아닌, 폭넓게 사유하며 경험과 학습이 통합되어 삶을 고차원적으로 완성하는 '삶의 방식'으로서의 공부를 강조했다. 그에게는 공부가 보람이자 즐거움이며 삶의 영역을 확장하는 데 있어서 가장 중요한 수단이었다. 그래서 배움을 실생활에 적용하여 백성의 고통을 덜고 삶의 가치를 실현시키는 데 평생을 헌신했다.

화성을 설계한 것도 같은 맥락이다. 특히 기계를 발명해서 백성들의 수고를 덜고자 했다. 이전까지는 건물을 지을 때 강제로 백성을 데려와 일을 시키면서 일한 값도 제대로 주지 않았다. 하지만 백성에게 돈을 제대로 주면서 효율적으로 성을 축조하기 위해, 무거운 돌을 들어 올릴 수 있는 '거중기'를 발명하기에 이른다. 새로운 기술이 더해지면서 일의 속도는 빨라졌고, 수원의 성인 화성을 완성할 수 있었다.

실행 가는 데 공부 간다

실행과 공부는 떼려야 뗄 수 없다. 바늘 가는 데 실 가는 것처럼, 실행을 위해서는 반드시 공부가 뒷받침되어야 한다.

감사 일기를 쓸 때도 그냥 감사 일기만 '실행'하는 게 아니다. 감사 일기 관련 책을 보거나 타인의 경험을 들여다보면서 관련 지식을 확장하고, 나에게 맞게 재설계해서 적용하는 과정이 필요하다.

왜 이렇게 해야 할까? 나 혼자 실행하며 얻는 노하우와 여러 사람이 실행하며 알게 된 노하우 사이에는 양적인 차이뿐 아니라 질적인 차이가 존재하기 때문이다.

전문가 집단의 실험 데이터에는 내가 평생 공부해도 알 수 없는 지식이 담겨 있다. 1938년 하버드대학교에서 행복한 삶에 대한 질문으로 시작한 연구만 봐도 알 수 있다. 이는 72년간 268명을 추적하며 행복의 근원을 연구한 것인데, '그랜트 연구'로 알려져 있다. 수명이 아무리 길어졌다지만 개인이 72년간 추적 연구를 할 만큼의 시간과 자원을 가질 수는 없지 않은가?

그렇게 여러 노하우를 접목하여 공부하면서 관련 영역을 넘나들다 보면 내 분야가 확장되는 것을 느끼게 된다. 내가 관심을 둔 주제를 중심으로 여러 분야의 지식과 경험들이 어우러지면서 나만의 콘텐츠를 갖게 되는 것이다. 창조의 법칙이란 이종배합, 즉 서로 다른 분야의 지식을 결합하는 데서 출발한다. 여러 저자의 지식을 흡수하면서 나의 경험과 지식이 합성되고 더욱 확장된다.

보통 이론적 지식 사이의 결합은 둘 사이를 이어주는 접착제나 촉매제가 없기 때문에 금세 떨어지는 경우가 많다. 이때 실행은 접착제와 촉매제가 된다. 실행으로 두 개의 서로 다른 지식을 하나로 만들 수 있는데, 이것은 세상 어디에도 없는 나만의 콘텐츠로 재창조된다.

'책 읽고 실행하고, 다시 공부하기'라는 과정을 반복하면 경쟁력이 쑥쑥 커지면서 공부에도 재미가 붙는다. 이렇게 나만의 콘텐츠를 재창조해서 차별화된 강점을 만들었기에, 더 큰 커리어를 쌓아 더 넓은 세상으로 나아갈 수 있었다.

자존심이
밥 먹여 준다?

사회에서 만나 형 동생 하며 지내는 분이 있다. 나보다 한 살 많은 이정교 대표다. 그분을 알게 된 건 영어 학원을 다닐 때였다. 우리는 다른 듯 닮은 면이 있었다. 그 역시 책에 대한 갈증이 깊었고, 불우한 어린 시절을 보냈다.

그보다 책 읽기에 익숙해져 있었던 나는, 그에게 책 읽는 방법과 책 고르는 방법을 알려주었다. 우리는 1년간 하루 한 권 책 읽기에 함께 도전해서 성공한 경험도 있다. 그리고 몇 해 뒤에 이정교 대표는 로사퍼시픽이라는 화장품 회사의 대표가 되었다.

그는 처음엔 화장품이나 사업에 대해서 아무것도 몰랐다. 그러나 책을 읽고 공부하면서 서서히 변화를 느꼈다고 말한다. 책에 대한 애정이 커서, 지금도 지적 양분을 흡수하는 일을 게을리하지 않는다. 불과 몇 년 전 연매출 100억 원을 달성했던 그의 회사는 지금 일 매출액이 1억 원에 이를 만큼 몰라보게 성장했다. 어려운 이웃을 위한 후원에도 앞장서는 참 존경스러운 형이다.

하루는 그가 이런 말을 던졌다.

"1년 동안 하루 한 권 책 읽기에 성공한 사람이 왜 이러고 사니?"

풀리지 않는 실타래를 붙잡고 낑낑거리고 있던 시절이었다. 아마 안타깝고 답답한 마음에서 한 말이었을 것이다. 또 서로 속을 다 뒤집어 보여줄 만큼 친했기 때문에 이처럼 거침없이 말할 수 있었을 것이다.

그러나 내 마음에는 가시바늘이 돋쳤다. 자존심이 상했다. 책을 읽어도 내가 더 많이 읽었고, 책을 읽은 기간도 더 길다. 그뿐인가. 자기계발을 위한 노력과 실행에서도 내가 그를 훨씬 앞선다고 자부한다. 그런데 그는 350억 매출을 올리는 기업의 대표고, 나는 아내와 살 집 한 채 없이 책을 쓰겠다고 안간힘을 쓰고 있었다. 내가 훈련이 되어 있지 않았다면 상처받은 자존심을 표정에 그대로 드러내고 말았을지도 모른다.

자존심.

자기 혁신을 위한 실행을 하면서 가장 크게 나를 괴롭혔던 것을 한 가지 꼽으라면 바로 이것이다.

사람들은 모두 자기 약점은 감추고 싶고, 멋진 사람으로 보여지기를 바란다. 두 다리가 있다면 누구나 서고 걷는 것처럼, 감정을 가진 사람이라면 으레 느끼는 마음이다. 누구나 사회에서 무시당하지 않기를 바라고, 인정받고 싶어한다. 자존심이란 바로 그런 감정 아닌가? 하지만 자존심은 늘 뜻밖의 상황에서 나를 괴롭혔다.

자기 혁신의 의지를 품고 답을 찾아 책을 펼쳐 들면, 저자들의 '자기 자랑'에 기가 팍 죽을 때가 있었다. 나는 갖고 있지 못한 걸 그들은 갖고 있었다. 누구는 20대의 나이에 100억대 부자가 되었고, 누구는 30대에 업계를 대표하는 기업체 사장이 되었다. 단지 돈뿐만이 아니다. 그들은 삶의 여유와 당당함도 갖고 있다. 그런 책들은 어디를 읽어도 인생의 어려움쯤은 간단히 헤쳐 나오는 놀라운 기적을 보여준다.

하루는 곰곰이 생각하다가, 책을 읽을수록 짜증이 커지는 이유를 알게 되었다. 가만히 생각해보면 참 웃기는 상황이었다. 생각할수록 나 자신이 기가 막혔다. 배우겠다고 책을 펼쳐 든 건 내가 아닌가? 그런데 저자가 자기 자랑을 조금 한다고 해서 기분이 상하다니! 사실, 이때는 나 자신을 돌아보는 데 능숙하지 못해서 그 감정을 객관적으로 바라보지 못했다. 그저 아직 갈 길이 멀구나 싶었고, 아직은 책 읽기가 숙제처럼 느끼지는 것이려니 싶었다.

그러던 어느 날이었다.

"속도가 2배로 늘면 공기 저항은 2배의 제곱, 즉 4배 커진다. 예컨대 차량이 시속 50킬로미터를 달릴 때의 공기 저항이 20킬로그램이라면, 시속 100킬로미터로 속력을 올릴 때 공기 저항은 40킬로그램이 아니라 그 배수인 80킬로그램으로 커진다."

자동차와 속도의 관계를 다룬 어느 기사를 읽으며 문득 실행과 자존심 사이에도 이런 법칙이 존재함을 깨달았다.

"실행의 속도를 2배 높이면, 자존심이라는 저항은 4배 커진다."

만일 하늘 높이 오르고 싶다는 마음으로 어제보다 실행력을 2배쯤 끌어올려 열심히 공부했다 치자. 그러면 노력의 속도에 비례해 마음의 저항은 더욱 커진다. 즉 지금의 내 자리가 너무 낮아 보이는 마음이 4배쯤 커지는 것이다. 누군가 그 높은 자리에서 나를 내려다보고 있다는 게 느껴지면 자존심도 4배쯤 강하게 충격파를 입는다. 달리 말해, 책을 읽을 때마다 찾아오는 이 부정적 감정은 내가 실행을 늦추지 않고 있다는 증거다!

그때 나는 실행을 방해하는 존재가 다른 누구도 아닌 내 안에 숨은 자존심임을 깨닫게 되었다. 배우려는 사람이 스승을 시기하는 꼴이다. 이 문제를 해결할 필요성을 느꼈다.

아마도 천성적으로 제자의 도를 타고난 사람이 있을지 모르겠다. 못된 스승의 괴롭히는 말 한마디라도 자기 목숨처럼 붙들고 실천하려는 사람 말이다. 그러나 나는 그런 부류가 아니었다. 개울처럼 맑은 마음씨를 가진 사람이 아니었다. 누구보다 열등감이 크고, 누구보다 자존심이 강하고, 누구보다 가진 게 없는 사람이었다. 좀체 상황이 나아지지 않음을 의식할 때마다 내 고개는 목 근육이 끊어진 사람처럼 푹 처졌다.

인생은 결과가 아니라 과정

싸우는 게 능사가 아니라는 얘기를 어디서 들었더라? 힘과 힘이 맞붙는 운동경기도 있지만, 가끔은 유도처럼 상대가 가진 힘을 이용하여 상대를 제압하는 운동도 있다. 나는 강렬하게 밀려오는 자존심의 파도에 맞붙어 싸울 생각을 버렸다. 내가 강하게 몰아붙일수록 자존심은 더 큰 파도가 되어 나를 덮쳤다. 그래서 그 파도가 나를 파괴하도록 내버려두지 않고 그것을 내 실행력을 강화하는 힘으로 돌려야겠다고 마음을 고쳐먹었다.

자존심의 이웃사촌 같은 단어 '자존감'에 대해서도 말하고 싶다. 사람들은 자존심을 버리는 대신 자존감을 장착해야 한다고 말하는데, 나는 다른 견해를 갖고 있다. 물론 자존감은 필요하다. 그러나 자존감과 자존심은 서로 다른 역할을 하는 것이라서, 자존심은 나쁘고 자존감은 좋은 것이라는 데에 동의하지 않는다.

예를 들어보자. 어느 40대 남자는 자존심이 없고, 자존감이 정말 높다. 그런 그는 직장에 얽매여 사는 게 너무 싫었다. 한곳에 정착해서 사는 데 재미를 못 느꼈다. 그래서 그는 자신을 사랑하기로 마음먹고 세상을 떠도는 사람이 되기로 했다. 그에게는 그게 가장 행복한 삶이었다. 그러나 우리 시선에는 노숙자와 다를 바 없었다. 그는 창피해하지도 않으면서 쓰레기통을 뒤진다. 악취 나는 몸으로 돌아다니면서도 부끄러워하지 않는다. 다 찢어진 옷을 걸치고 구멍 뚫린 장갑을 낀 채 피다 버린 담배꽁초를 주워 불을 붙인다. 그러나 그는 스스로의 삶에 떳떳하다. 타인의 시선은 신경 쓰지 않는다. 누군가 그의 지나치게 제어되지 않은 삶을 비난해도 그는 콧방귀도 뀌지 않는다. 사실 그가 범죄를 저지르는 것도 아닌데 누가 뭐라고 할 수 있겠는가?

나는 자존감을 주제로 한 책에서 그의 모습을 종종 보았다.

'타인의 시선에 흔들리지 말 것.'

'자기 자신을 사랑할 것.'

악취 풀풀 풍기는 그 노숙자는 이 두 가지를 모두 갖고 있다. 우리는 자존감이란 게 이런 모습일지도 모른다는 점을 망각한다.

물론 자존감이 나쁘다고 말하는 게 아니다. 어느 정도의 자존감은 필요하다. 특히 '자해의 칼을 스스로의 가슴에 꽂으려는 마음'으로부터 자신을 보호하기 위해서는 반드시 필요하다. 그러나 자존감은 '좋은 것'이고, 자존심은 '나쁜 것'이라는 흑백 논리에는 조금 문제가 있다.

우리는 팔이나 다리가 나쁘다고 말하지 않는다. 원래부터 그 자리에 있었기에, 팔다리가 있어야 정상이라고 믿으며 그 가치를 새삼 따지지 않는 것이다. 그런데 왜 자존심에 대해서는 다른 태도를 취할까? 자존심은 사람이라면 누구나 느끼는 감정이거늘, 그것을 나쁘다고 일방적으로 매도하는 이유는 뭘까? 거기까지 생각이 미치자 자존심도 분명 자기만의 역할이 있을 것이라 여겨졌다. 나는 자존심에 실행 감지 장치라는 임무를 부여했다. 충전기를 꽂으면 파란 불이 들어오듯, 실행하면 자존심에 불이 켜진다. 자존심은 내가 열심히 살고 있다는 증거다.

자존심은 마이너스나 플러스 양쪽으로 다 작동할 수 있다. 열심히 살았고 성과가 있었다면, 자존심은 플러스 쪽으로 작동하여 파란불이 켜진다. 반면 열심히 살았으나 다른 누군가와 비교해서 아직 멀었다는 느낌이 들고, 아직 손에 쥘 만한 성과가 없다고 생각하면 자존심은 마이너스 쪽으로 작동하여 빨간불이 켜진다. 그러나 플러스로 움직이든 마이너스로 움직이든 이 감지 장치에 불이 켜지기 위해서는 실행이 뒤따라야만 한다. 하다못해 나보다 잘난 누군가를 만나기라도 해야 자존심이 상할 것 아닌가. 자기만의 세계에 갇혀 있는 사람은 비교할 대상을 만나지 못하기 때문에 자존심에 아무런 영향을 받지 못한다. 그의 자존심 센서가 올바르게 작동하는지 아무도 모르는 것이다.

물론 마이너스 쪽으로 움직이는 자존심은 문제의 여지를 안고 있다. 자존심이 상한 끝에 실행에 대한 의지를 잃어버리면 어떻게 할까? 어떻게 해야 자존심의 작동 방향이 플러스 쪽으로 움직이도록 만들 수 있을까?

책에는 내 기를 죽이는 사람만 있는 건 아니었다. 어떤 책은 큰형님처럼 넉넉하게 기댈 곳을 주기도 하고, 격려해주기도 했다.

어떤 책은 큰누나처럼 따뜻하게 내 마음을 챙겨주고 위로해주었다. 책은 내게 때로는 참된 스승의 모습으로 찾아왔고, 때로는 전투가 한창인 싸움터에 앞장서서 떠나는 선배가 되었다. 그런 책에서 뽑아낸 문장들은 자존심 감지 장치에 빨간불이 들어올 때마다 나를 보살펴주는 방패막이가 되었다.

"자기 자신을 이기는 공부가 가장 요긴한 것이다."

《격몽요결》

"작은 일도 무시하지 않고 최선을 다해야 한다. 작은 일에도 최선을 다하면 정성스럽게 된다. 정성스럽게 되면 겉으로 드러나고, 겉으로 드러나면 이내 밝아진다. 밝아지면 남을 감동시키고, 남을 감동시키면 변하게 되고, 변하면 생육된다. 그러니 오직 세상에서 지극히 정성을 다하는 사람만이 나와 세상을 변하게 할 수 있는 것이다."

《중용》

"남을 아는 사람은 지혜롭다. 그러나 스스로를 아는 사람이야말로 밝은 것이다. 남을 이기는 사람은 힘이 세다. 그러나 스스로를 이기는 사람이야말로 강한 것이다."

《도덕경》

"남이 한 번에 할 수 있다면 나는 백 번을 해야 할 것이며, 남이
열 번에 할 수 있으면 나는 천 번이라도 해서 반드시 이룬다."

《중용》

그리고 이 모든 문장을 읽으며 나는 가장 강력한 무기 한 가지
를 얻게 되었다. 바로 인생은 결과가 아니라 과정이라고 믿는 것
이다.

만일 우리가 과정을 즐길 수 있다면 굳이 나보다 많이 가진 사
람들과 비교하며 기가 죽지 않아도 된다. 숫자로 표현되는 상대
의 성과를 부러워하기보다 그 숫자를 만들어내기 위해 그가 들인
노력과 과정에 주목하여 나를 분발시키면 될 일이다.

과정이 성과보다 고귀한 것임을《노인과 바다》에서 다시 확인
했다. 노인이 어렵게 잡은 청새치가 상어의 공격으로 살점이 뜯
겨나갈 때 이 허망한 결론 앞에서 화가 나기도 했다. 그러나 헤밍
웨이가 이런 결말을 통해서 보여주려고 했던 건, '가치 있는 인생
이란 결과가 아니라 과정'이라는 진실이었을 것이다.

생각을 바꾸니 조금 더 열린 마음으로 책 속의 스승들이 전하는 말을 받아들일 수 있게 되었다. 물론 아무리 머릿속으로는 과정이 더 중요하다고 외치더라도 자존심 감지 장치에 빨간불이 켜지는 것을 막지 못할 때도 있다. 그럴 때는 월트 휘트먼의 시를 가만히 되뇌며 마음을 다잡기 위해 노력하자.

"승리가 위대하다고 우리는 생각했던가? 그건 그렇다. 그러나 이제 나는 생각한다, 피할 수 없을 때에는 패배도 위대하다고."

목표에서
눈을 떼지 마라

세상에는 네 가지 부류의 사람이 있다.

　첫째, 작은 일에서는 패배하고, 큰일에서는 승리하는 사람.
　둘째, 작은 일에서도 패배하고, 큰일에서도 패배하는 사람.
　셋째, 작은 일에서는 승리하고, 큰일에서는 패배하는 사람.
　넷째, 작은 일에서도 승리하고, 큰일에서도 승리하는 사람.

　둘째 부류의 사람은 생각만으로도 너무 안타까우니 제외하

자. 넷째 부류의 사람 역시 너무 환상적이어서 사기 같으니까 제외한다.

남은 두 가지 가운데 당신은 어떤 사람이 되고 싶은가? 작은 일 패배, 큰일 승리? 아니면 작은 일 승리, 큰일 패배? 둘 중 하나를 고르라면 당연히 '작은 일 패배, 큰일 승리'가 탐난다. 전투에서 지더라도 전쟁에서 이기는 게 정말 잘 이기는 것이라고 하지 않던가.

그런데 실행을 하는 사람들 중 본의 아니게 작은 일에서는 이기지만 큰일에서는 지는 경우를 종종 보았다. 바로 실행에 함몰된 사람들이다.

당신이 실행에 나서는 순간, 부딪칠지 모르는 두 번째 적이 바로 이것이다. '과정에 함몰되기.'

알고 지내던 직장인 한 명이 아침에 일찍 일어나기 미션을 정하고 새벽 5시 기상을 시도했다. 첫 주는 계획대로 잘 수행했고, 다음 2주차는 컨디션 난조로 사흘 정도 실패했다. 2주차의 실패를 반성하고 3주째에는 다시 힘을 내서 5시에 일어났다. 한 달 정도 지나자 새벽 기상이 자연스러워졌다. 여유로운 아침 시간을 효율적으로 활용하기 위해 감사 일기도 쓰기 시작하고, 책도 읽기 시작했다. 아침의 선선한 공기를 마시면서 하루를 밝고 건강한 기분으로 맞이하는 건 꿀맛이었다. 그렇게 한 달, 두 달이 흘렀다. 밤 10시만 되면 눈이 스르르 감겼다. 빨리 하루를 정리하고 내일 새벽 5시를 위해 잠자리에 들었다. 그렇게 1년이 가고, 2년이 지났다. 그는 자신과의 약속을 잘 지켰다고 생각하며 뿌듯해하고 만족스러워했다.

그런데 3년째 되는 날, 그는 자신이 왜 생활 습관을 바꾸었는지 그 목표를 잃었다는 사실을 깨닫게 되었다. 스스로와의 약속을 지키려 열심히 살았지만, 개인적인 만족감 외에는 별로 달라진 게 없었다. 몸은 아침형 인간으로 바뀌었지만 더는 뿌듯한 감정을 느끼지 못했다. 연세 드신 어르신이 새벽 3시에 눈이 떠지듯 그저 습관처럼 새벽에 눈을 뜰 뿐이었다. 일상에 무감각해지고, 감각은 마비되었다. 일상적인 습관을 바꾸는 데는 대성공이었지만 변한 건 그것뿐이라 느껴졌다.

나도 그와 같았던 시기가 있었다. 매너리즘에 빠진 내 모습을 보고 너무 한심했던 기억이 난다. 일찍 일어나서 하루를 빨리 시작하려 했던 건 목표가 있었기 때문이다. 내 인생의 근원적 변화, 즉 인생 항로의 올바른 변경을 위해서였다. 하지만 결과를 보니 습관 하나만 달라진 것 같았다.

주차장에서 차를 몰고 나온 직후에는 시속 60킬로미터도 빠르게 느껴진다. 그러나 한 시간 넘게 고속도로를 달린 사람이라면 시속 100킬로미터라도 전혀 빠르게 느껴지지 않는다. 딱 내 꼴이 그랬다. 뭐가 문제였을까?

갈릴레이 갈릴레오는 속도에 변화가 없는 물체는 모두 관성의 법칙을 따라 움직인다는 사실을 밝혀냈다. 시속 0킬로미터의 물체는 그대로 시속 0킬로미터에 머물러 있으려 하고, 시속 100킬로미터의 물체는 그대로 시속 100킬로미터로 움직이려 한다. 하지만 시속이 달라도 관성이라는 관점에서 보면 물체는 똑같다.

이처럼 목표를 잊고, 하나의 행동에만 집중하다 보면 관성에 빠지기 쉽다. 작은 일의 성공을 통해 점점 목표에 가까워지고 있다고 여기기보다 지겹도록 같은 행동만 반복하는 것처럼 느껴질 수 있기 때문이다. 하지만 익숙해졌다는 것은 능숙해지고 있다는 뜻이다. 목표를 잊지 말고 길을 헤매지 않길 바란다.

'무엇이' 대신
'어떻게'를 고민하라

우리는 아주 익숙하면서도 그만큼 낡아버린 단어 하나와 마주해야 한다. 바로 '목표'다. 당신에겐 큰 목표와 작은 목표 중 무엇이 중요한가? 물론 둘 다 중요하다. 하지만 작은 목표에만 빠져 있을 때 문제가 생긴다. 작은 목표는 더 큰 목표로 가기 위한 계단일 뿐 그 자체가 목적이 될 수는 없다. 그런데 이 사실을 간과하고 작은 목표에만 매몰되면 갑자기 길을 잃는다.

동양 고전에서 이런 문장을 본 적이 있다.

"먼 곳을 바라보고 걷지 않으면 가까운 돌부리에 걸려 넘어진다."

큰 목표가 없는 사람은 작은 시련을 이겨내지 못한다는 말과 같은 맥락이다. 질경이 대표이자 자수성가한 기업가인 최원석 씨는 이렇게 말한 적이 있다.

"어렸을 때 노는 걸 좋아했습니다. 도시락은 쉬는 시간에 다 까먹고, 점심시간 종이 치기만 기다렸다가 운동장으로 총알처럼 뛰쳐나갔죠. 커다란 주전자에 물을 받아서 오징어포 놀이를 하려고 금을 그었어요. 그런데 줄을 곧게 그린다고 그리는데, 다 그리고 보면 매번 옆으로 휘어 있거나 엉뚱한 곳에 닿더군요. 놀 시간은 없는데 선이 자꾸만 엇나가니 화가 났죠. 그러다 어느 날, 선을 똑바로 그리는 법을 알게 되었습니다."

그의 눈이 반짝반짝 빛났다.

"멀리 내가 도달해야 할 곳을 바라보고 긋는 것이죠. 전에는 눈앞에 보이는 선을 곧게 그리는 데만 집중했습니다. 그런데 끝에 가면 엉뚱한 곳에 이르렀죠. 반면 멀리 보면서 긋게 되면 설령 당장 선이 삐뚤빼뚤해도 크게 보면 곧은 선이 돼요. 그게 답이었던 겁니다. 당장의 실패에 일희일비하는 건 무의미합니다. 시행착오는 피할 수 없어요. 그러나 목표를 바라보고 가면 그 시행착오는 곧은 선이 됩니다."

그는 아무것도 없는 맨바닥에서 출발하여 지금의 자리에 오르게 된 비결을 이처럼 어렸을 때 이야기를 빌려 들려주었다.

나도 '목표 설정'에 대한 필요성을 느끼고 있었다. 바라보고 걸어야 할 내 꿈의 랜드마크가 필요했다. 그래야 길을 잃지 않을 것 같았고, 나아가 오늘의 실행과 투쟁이 내일의 성과로 이어지리라 믿었다. 그러나 앞서 자존심에 대해 설명했듯이 나는 목표를 숫자나 타이틀로 표현해서는 안 된다고 생각하게 되었다.

그러던 어느 날, 책에서 톨스토이를 만났다.

"나 자신의 삶은 물론 타인의 삶을 아름답게 만들기 위해 끊임없이 정성을 다하고 마음을 다하는 것처럼 아름다운 것은 없습니다."

나는 무릎을 쳤다.

목표를 찾던 나에게 이보다 더 멋진 글은 없었다. 그의 글에는 '어떤 사람이 되겠다'는 다짐이 없다. '빌딩을 가진 사람이 되겠다'거나 '국회의원이 되겠다'는 생각이 없었다. 물질의 양이나 직함을 감히 인생의 목표에 대입할 수는 없었다.

하루는 초대받은 고등학교에서 이렇게 말했다.

"여러분, 무엇이 되겠다고 생각하고 살지 마세요. 만일 무엇이 되겠다고 마음먹으면 그 직업을 갖게 된 후 더는 할 일이 없어져요. 변호사가 되고 싶다고 생각해보죠. 그러면 시험에 합격해서 변호사가 되면 목표가 달성되잖아요. 그 다음은요? 100억 부자가 되고 싶다고요? 그러면 100억을 번 다음에는 무엇을 하게요? 저는 '무엇이 되겠다'가 아니라 '어떻게 살겠다'로 생각을 바꾸었어요. '되는 것'에 인생의 초점이 맞춰지면, 그때부터 불행이 시작돼요. 내가 그 무엇이 못 되면, 혹은 아직 되지 못한 순간이 지속되면 불행하잖아요? 그런데 '어떻게 살겠다'는 달라요. 내가 지금 어떤 사람인지는 전혀 중요하지 않거든요. 내가 지금 어떤 모습이든 나는 내가 원하는 대로 살아갈 수 있어요."

오토바이 폭주족 시절의 이야기부터 명문대생을 만나 인생 첫 책을 읽었던 군대 이야기를 거쳐 책을 쓰게 된 이야기까지 다 알고 있는 어린 친구들은 내 이야기에 귀를 기울인다.

"그래서 저는 제 인생의 목표를 소유하고 있는 물질의 양이 아니라 가치로 바꿨어요."

여기까지 말하고 난 뒤에는 나의 인생 목표를 보여준다.

나의 강점을 바탕으로

나의 일을 잘해냄으로써

타인과 사회를 아름답게 만든다.

'무엇이 되겠다'에서 '어떻게 살겠다'로 고민을 바꾼 건 지금 생각해도 신의 한 수다. 이렇게 목표를 설정하는 방식을 바꾸면서 '자존심' 문제를 해결할 수 있었다. 또 내가 현재 목표에 다다르지 못했기 때문에 빠질 수 있는 불행에서 자유로워질 수 있었다. 무엇보다 나의 인생 목표는 지금 당장 실행할 수 있는 일들을 알려주는 지침 역할을 하기 때문에 내 인생의 즐거움, 행복을 뒤로 미룰 필요가 없었다.

나만의 주문을
만든다

실행을 방해하는 마지막 적은 너무 많은 법칙에 빠지는 것이다. 나는 책들이 제시하는 수많은 법칙을 알고 있다. 너무 많아서 과연 내 목숨이 붙어 있는 동안 다 지킬 수 있을까 생각했던 적도 있다.

세상을 살아가는 데 있어서, 특히 실행이라는 문제 앞에 놓여 있는 우리에게 너무 많은 지도와 나침반은 도리어 실행을 방해하기도 한다. 그 많은 방법은 물에 젖은 솜처럼 내 육체를 한없이 지치게 만든다. 성공하는 사람이 되기 위한 저자들의 법칙은 처음에는 하늘을 날게 해줄 날개처럼 보이지만 곧 내 몸에 너무 많은 날개가 달라붙어 도리어 나의 걸음을 방해한다.

이 책을 기획하는 과정에서 나 역시 그런 법칙에 집착했다. 나는 실행을 떠받치는 세 가지 동력을 발견하고 매우 우쭐했었다. 앞에서 이야기한 '열등감', '절박함', '작은 성취'라는 키워드를 조금 더 근사하게 만들고 싶다는 생각에 법칙을 만들어보았다.

열등감은 과거의 사건이나 상처, 기억과 연관이 깊다. 절박함은 현재에 내가 부딪친 문제와 연관이 깊다. 작은 성취는 미래의 큰 성취를 준비하는 긍정적 뇌 만들기와 연관이 깊다. 이 세 가지는 과거-현재-미래라는 시간과 연결된다.

　　과거 - 열등감

　　현재 - 절박함

　　미래 - 작은 성취

그런데 이걸 어디에 써먹지? 이것 역시 세상에 널려 있는 그저 그런 법칙 중 하나가 아닐까? 나 역시 다른 자기계발서의 작가들처럼 그럴싸해 보이는 법칙 하나를 아무 책임감 없이 세상에 던지려고 하는 건 아닌가? 그렇다면 이것이야말로 타인의 인생에

별 도움이 안 되는, 단지 근사해 보이고 싶은 생각의 발로가 아닐까? 결국 법칙 만들기를 포기했다.

대신 하나의 '주문'을 만드는 게 독자들에게 훨씬 도움이 될 것이라 여겼다. 아직 이기는 게 익숙하지 않던, 이기기 위해서는 지지 않는 법부터 배워야 했던 내게 가장 큰 도움이 되었던 그 주문을.

"지지 않아, 내 인생."

실행에 나서는 당신에게도 이 주문이 적힌 종이를 선사한다.

책 읽기 목표를 세우고 100권 정도 읽었을 때 첫 번째 슬럼프가 찾아왔다. 아마도 조급증이 앞섰던 모양이다. 100권을 읽었는데 왜 나는 아직 제자리일까? 시간은 없고 빨리 돈 벌어야 하는데 지금 뭘 하는 건가? 정말 책을 읽는다고 인생이 달라질까? 회의감이 식은땀이 되어 등허리를 적셨다.

그리고 200권이 가까워질 무렵에 두 번째 슬럼프가 찾아왔다. 책을 읽으면 남는 게 있어야 하는데, 너무 읽는 데만 정신이 팔린 건 아닐까? 몇 권을 읽었는지 권수 채우는 데만 급급한 건 아닌가?

내게 독서는, 마치 지나가던 중이 이 집에 우환이 꼈다며 알려준 액막이 처방이나 소원을 들어준다는 어느 마법사의 주문이었는지 모른다. '매일 아침 5시에 일어나서 동쪽을 향해 100번 절을 하세요. 그러면 100일 뒤에는 당신의 소원이 이루어질 것입니다.' 같은 것 말이다. 어쩌면 확신이 없었기 때문에 슬럼프가 찾아온 건 아닐까? 아니면 내 삶이 너무 책에만 집중됐던 까닭에, 겁이 났던 걸까?

나는 이런 부정적 감정을 누르고, 기대감을 되살리고, 사태를 바꿀 만한 계기를 마련하기 위해 그때부터 기록을 남기기로 결심했다. 마음이 흐트러질 때는 과거의 독서 기록을 꺼내 보면서 '이번에는 지지 않겠다'고 마음을 다잡았다.

그렇게 마음먹은 결정적 사건이 있었다. 나보다 먼저 1일 1독 프로젝트를 시작한 사람이 있었는데, 그가 1년간 읽은 책은 총 420권. 그 무렵 내가 읽은 책은 300권이 채 되지 않았다. 지고 싶지 않았다.

승부욕에 다시 발동이 걸렸다. 하루에 두세 권씩, 1주일에 총 15권씩 읽었다. 내 목표는 이미 365권이나 420권이 아니었다. 아무도 따라오지 못할 만큼 높이 오르고 싶었다. 목표한 날, 내 독서 목록표의 마지막 숫자는 520이었다.

520권은 내게 하나의 상징이 되었다. 10년이 훌쩍 지난 요즘도 그때 기억이 떠오른다. 일상이 조금 게을러졌다 싶을 때, 삶이 잘 풀리지 않는 것 같다고 여겨질 때면 그 '520'이라는 숫자와 함께 마법 같은 주문을 떠올린다.

"지지 않아. 내 인생."

실행은 당신을
절대 배신하지 않는다

　지식과 실행은 서로가 서로에게 영향을 미친다. 지식은 실행의 바탕이 되고, 실행은 지식을 확고히 해 그 폭을 넓히고 깊이를 더한다. 지식과 실행은 서로에게 거름이 된다. 그저 지식이 실행을 위해서만 존재한다면 이 사이클은 만들어지지 않는다. 이와 같은 사이클을 반복하다 보면 처음에는 미미했던 지식과 실행이 갈수록 커져서 뚜렷한 성과로 이어진다.

　이 책에서 지금까지 이야기한 실행의 힘을 그림으로 표현하면 다음과 같다.

지식 ↔ 실행
지식 ↔ 실행
지식 ↔ 실행
지식 ↔ 실행
지식 ↔ 실행
지식 ↔ 실행
지식 ↔ 실행

지식 ↔ 실행

지식과 실행의 결합

아무리 다이어트를 시도해도 지속 가능성이 떨어지면 요요 현상이 일어난다. 체중 감량을 목표로 운동과 식이요법을 할 때, 먼저 자신의 몸을 제대로 알지 못하면 번번히 그 계획은 실패로 돌아갈 수밖에 없다.

실행도 마찬가지다. 1회성에 그치고 마는 실행은 언젠가 요요 현상이 찾아온다. 공부하고 실행하기를 반복하면서 '지금, 여기' 나를 바꾸는 것이 무엇인지 아는 힘을 키워야 한다. 그래야 지속할 수 있는 동력이 만들어진다.

나는 20대 중반에 실행의 비밀 한 가지를 알게 되었다. 강의를 듣는 사람 500명 중에서 강사의 말을 따라 실행하는 사람은 1퍼센트도 안 된다는 사실 말이다.

　이 책을 덮고 당신이 할 일은 무엇일까? 지금 실행의 문을 박차고 나가는 1퍼센트의 주인공이 되는 것뿐이다. 산산이 부서진 인생일지라도 실행을 반복하며 성장하기를 바라고 있다. 누가 대신 살아주는 삶이 아니라 아끼고 소중히 여겨야 할 자신의 삶이다.

　당신이 어떤 삶을 살아가든 인생을 사랑하기를, 그래서 오늘의 실행이 당신을 배신하지 않고 빛나는 미래를 안겨주기를 바란다!

1日 1行의 기적